MIX
Papier aus verantwortungsvollen Quellen
Paper from responsible sources
FSC® C105338

Pascal Hamann

Betrachtung dynamischer Investitionsmodelle als Hilfsinstrument zur Entscheidungsfindung

Dargestellt anhand einer Verpackungsmaschine bei einem mittelständigen Küchenmöbelhersteller

Diplomica Verlag GmbH

Hamann, Pascal: Betrachtung dynamischer Investitionsmodelle als Hilfsinstrument zur Entscheidungsfindung: Dargestellt anhand einer Verpackungsmaschine bei einem mittelständigen Küchenmöbelhersteller. Hamburg, Diplomica Verlag GmbH 2013

Buch-ISBN: 978-3-8428-8890-6
PDF-eBook-ISBN: 978-3-8428-3890-1
Druck/Herstellung: Diplomica® Verlag GmbH, Hamburg, 2013

Bibliografische Information der Deutschen Nationalbibliothek:
Die Deutsche Nationalbibliothek verzeichnet diese Publikation in der Deutschen Nationalbibliografie; detaillierte bibliografische Daten sind im Internet über http://dnb.d-nb.de abrufbar.

Das Werk einschließlich aller seiner Teile ist urheberrechtlich geschützt. Jede Verwertung außerhalb der Grenzen des Urheberrechtsgesetzes ist ohne Zustimmung des Verlages unzulässig und strafbar. Dies gilt insbesondere für Vervielfältigungen, Übersetzungen, Mikroverfilmungen und die Einspeicherung und Bearbeitung in elektronischen Systemen.

Die Wiedergabe von Gebrauchsnamen, Handelsnamen, Warenbezeichnungen usw. in diesem Werk berechtigt auch ohne besondere Kennzeichnung nicht zu der Annahme, dass solche Namen im Sinne der Warenzeichen- und Markenschutz-Gesetzgebung als frei zu betrachten wären und daher von jedermann benutzt werden dürften.

Die Informationen in diesem Werk wurden mit Sorgfalt erarbeitet. Dennoch können Fehler nicht vollständig ausgeschlossen werden und die Diplomica Verlag GmbH, die Autoren oder Übersetzer übernehmen keine juristische Verantwortung oder irgendeine Haftung für evtl. verbliebene fehlerhafte Angaben und deren Folgen.

Alle Rechte vorbehalten

© Diplomica Verlag GmbH
Hermannstal 119k, 22119 Hamburg
http://www.diplomica-verlag.de, Hamburg 2013
Printed in Germany

Autor

Pascal Hamann (B.A.) wurde 1984 in Bünde geboren. Nach seiner Berufsausbildung als Industriekaufmann und der zusätzlichen Qualifikation zum Qualitätsbeauftragten (TÜV), entschied sich der Autor seine fachlichen Qualifikationen im Bereich der Betriebswirtschaftslehre durch ein berufsbegleitendes Studium weiter auszubauen. Das Bachelorstudium der Betriebswirtschaft mit Schwerpunkt Unternehmenslogistik an der Hamburger Fern-Hochschule, schloss er im Jahre 2013 erfolgreich ab. Während seines Studiums war der Autor in der Möbelbranche tätig und sammelte dort Erfahrungen im Bereich Qualitätssicherung, bevor in das Produktmanagement wechselte.

Pascal Hamann widmet dieses Buch,
seiner Frau Jennifer und seinem Sohn Leevi Mael.

I Inhaltsverzeichnis

II Abbildungsverzeichnis 4
III Tabellenverzeichnis 5
IV Abkürzungsverzeichnis 6
V Symbolverzeichnis 7
1 Einleitung 9
   1.1 Problemstellung und Ziel des Buches 9
   1.2 Vorgehensweise und Struktur 11
2 Vorauswahl des Investitionsobjekts 13
3 Klassische Investitionsrechnungsverfahren 15
   3.1 Statische Investitionsrechnungsverfahren 16
   3.2 Verfahren der dynamischen Investitionsrechnung 17
      3.2.1 Kapitalwertmethode 18
      3.2.2 Annuitätenmethode 23
      3.2.3 Methode des internen Zinsfußes 26
      3.2.4 Dynamische Amortisationsrechnung 28
      3.2.5 Vermögensendwertmethode 30
      3.2.6 Sollzinssatzmethode 33
      3.2.7 Methode des vollständigen Finanzplanes (VOFI) 34
      3.2.8 Zusammenfassung der dynamischen Methoden 38
4 Berücksichtigung von Ungewissheit 40
5 Empirische Untersuchung 42
   5.1 Beschreibung der IST-Situation 43
   5.2 Betrachtung der Kapitalwertmethode 46
   5.3 Betrachtung der Annuitätenmethode 49
   5.4 Betrachtung der Methode des internen Zinsfußes 51
   5.5 Betrachtung der dynamischen Amortisationsrechnung 53
   5.6 Betrachtung der Vermögensendwertmethode 55
   5.7 Betrachtung der Sollzinssatzmethode 58
   5.8 Betrachtung der VOFI-Methode 59
   5.9 Zusammenfassung der empirischen Untersuchung 62
6 Schlussbetrachtung 63
VI Quellenverzeichnis 66
VII Anlagenverzeichnis 69

II Abbildungsverzeichnis

Abbildung 1: Automatische Verpackungsmaschine „NEXTMODE" 14

Abbildung 2: Dynamische Verfahren zur Vorteilhaftigkeitsbeurteilung 17

Abbildung 3: Zusammensetzung der Einzahlungsüberschüsse 24

Abbildung 4: Zeichnung der Kapitalwertfunktion 27

Abbildung 5: Amortisationsverlauf 29

Abbildung 6: Veranschaulichung der Berechnung des Vermögensendwerts 31

Abbildung 7: Tabellarische Darstellung der VOFI-Methode 34

Abbildung 8: Nebenrechnung zur Ermittlung der Ertragssteuer 35

Abbildung 9: Anwendungshäufigkeit der dynamischen Methoden 38

III Tabellenverzeichnis

Tabelle 1: Basisdaten für die theoretische Betrachtung 19

Tabelle 2: Datentabellen zur Berechnung des Kapitalwerts 21

Tabelle 3: Abzinsung der Annuität zur Berechnung des Kapitalwerts 24

Tabelle 4: Kumulierter Barwert zur Berechnung der Amortisationszeit 28

Tabelle 5: Bewertungskriterien der Investitionsmodelle 42

Tabelle 6: Basisdaten für die empirische Untersuchung 45

Tabelle 7: Anwendung der Kapitalwertmethode in Excel 46

Tabelle 8: Berechnung der Amortisationszeit der "BETA" 53

Tabelle 9: Vermögensendwertmethode nach dem Kontenausgleichsgebot 56

IV Abkürzungsverzeichnis

Abb.	Abbildung
AfA	Absetzung für Abnutzung
akt.	aktualisierte
Aufl.	Auflage
bearb.	bearbeitete
CF	Cash Flow
durchges.	durchgesehen
erw.	erweiterte
et al.	et alii *(und andere)*
etc.	et cetera
EZÜ	Einzahlungsüberschuss
Herv.	Hervorhebungen
Hrsg.	Herausgeber
IBM	International Business Machines
IKV	Interne-Kapitalverzinsungs-Funktion (Excel)
inkl.	inklusive
kum.	kumuliert
lat.	lateinisch
NBW	Nettobarwert (Excel)
NWB	Neue Wirtschafts-Briefe
o.J.	ohne Jahr
Orig.	Original
RMZ	Regelmäßige Zahlung (Excel)
S.r.l.	Società a responsabilità limitata *(italienische Rechtsform einer Kapitalgesellschaft)*
u.	und
überarb.	überarbeitete
VB	Volksbank
vgl.	vergleiche
VOFI	vollständiger Finanzplan
vollst.	vollständig
vrb.	verbesserte
z.B.	zum Beispiel

V Symbolverzeichnis

Symbol / Formelzeichen	Erläuterung
A_0	Anschaffungsauszahlung
A_t	Auszahlung in der Periode t
E_t	Einzahlung in der Periode t
K_n	Vermögensendwert am Ende der n-ten Periode
K_o	Kapitalwert
V_t^-	negatives Vermögenskonto
V_t^+	positives Vermögenskonto
i_{VOFI}	VOFI-Rendite
m^2	Quadratmeter
s_k	kritischer Sollzinssatz
$\sum_{t=1}^{n}$	Summe von t=1 bis n
h	Habenzins
AZ	Amortisationszeit
An	Annuität
EK	Eigenkapital
$EZÜ$	Einzahlungsüberschuss
IZF	interner Zinsfuß
L	Liquidationserlös
i	Kalkulationszinssatz
n	Nutzungsdauer, Nutzungsjahr
s	Sollzins
t	Zeitpunkt

1 Einleitung

1.1 Problemstellung und Ziel des Buches

Fast jedes Unternehmen unabhängig der Größenordnung, ob der kleine Handwerksbetrieb, das mittelständige Familienunternehmen oder der weltweit agierende Konzern, steht regelmäßig vor Fragen zum Thema Investitionen:

„Welche Investition ist die Richtige für unser Unternehmen?"

oder

„Welchen Nutzen hat diese Investition für unser Unternehmen?".

Die Möglichkeiten und das Engagement bei der Findung einer Lösung sind jedoch bei den einzelnen Unternehmen unterschiedlich. Im Mittelpunkt dieses Buches wird daher der Teilbereich der dynamischen Investitionsrechnung, der zur Entscheidungsfindung bei einem mittelständigen Küchenmöbelhersteller beiträgt, betrachtet und dessen besondere Probleme bei der Entscheidungsfindung analysiert.

Im Fokus steht die Prüfung der einzelnen dynamischen Investitionsrechenmodelle, als jeweils geeignetes Hilfsinstrument in dem gewählten Anwendungsbeispiel und dem Ziel dem betrachteten Unternehmen eine Handlungsempfehlung auszusprechen, mit welcher Methode sie ihr Investitionsvorhaben prüfen sollen, um einer Fehlinvestition vorzubeugen.

Bei dem zu untersuchenden Beispielunternehmen handelt es sich um einen mittelständigen Küchenmöbelhersteller, welcher Einbauküchen im mittleren bis hohen Preissegment an einem zentralen Standort als Fertigmöbelteile produziert und diese weltweit vermarktet. Unter dem Gesichtspunkt eines größer werdenden Qualitätsdenkens des Unternehmens und der Kundschaft steht eine geplante Verbesserung der Verpackung der Möbelteile auf der Agenda. Der Entschluss des Unternehmens ist hierbei auf eine Verpackungsmaschine gefallen, mit der Endloswellpappe zu individuell konfektionierten Verpackungskörpern für die Möbelteile produziert werden können. Auf Grund einer hohen Variantenvielfalt kann so jeder Artikel passend und sicher verpackt werden.

Unternehmen müssen neben der Wahl zur geeignetsten dynamischen Investitionsrechnungsmethode viele andere Aspekte betrachten und berücksichtigen, da ein eindimensionaler Blickwinkel auf die bevorstehende Investition das Risiko einer möglichen Fehlinvestition enorm vergrößern würde. Mit Blick auf den Umfang des Buches, finden auf dem Weg zu den Antworten auf die Fragen zur Investitionsentscheidung folgende Aspekte keine Berücksichtigung: die zukünftige Anforderungen an das Investitionsobjekt, beispielsweise eine größere Individualisierungsmöglichkeit in der Fertigung von Produkten, rechtliche Änderungen wie z.B. Umweltrestriktionen, interne Prozessoptimierung oder die Branchensituation auf die ein mittelständiges Unternehmen reagieren sollte, um den Anschluss nicht zu verlieren.

In dem vorliegenden Fachbuch wird ausschließlich das klassische Investitionsrechnungsverfahren zur Beurteilung von Investitionsvorhaben bezüglich quantifizierbarer Unternehmensziele analysiert.

Die klassischen Investitionsrechnungsverfahren unterteilen sich in die statischen Methoden (Kosten-, Gewinn-, Rentabilitätsvergleichsrechnung und statische Amortisationsrechnung) und die dynamischen Methoden (Kapitalwertmethode, interne Zinsfuß-Methode, Annuitätenmethode, dynamische Amortisation, Vermögensendwertmethode, Sollzinssatzmethode und die Methode des vollständigen Finanzplanes). Diese Verfahren sollen den Unternehmen bei ihrer Entscheidungsfindung helfen (vgl. Heesen 2012: 5).

Dynamische Investitionsrechnungsverfahren beziehen mehrere Perioden, die durch das Investitionsprojekt generierten Ein- und Auszahlungen, explizit in die Vorteilhaftigkeitsbeurteilung mit ein. Statische Investitionsrechnungsverfahren hingegen sind einperiodische Modelle und erfassen daher nicht die Auswirkungen einer Investitionsentscheidung über den gesamten Zeitraum. Daher führen dynamische Investitionsrechnungsmodelle in ihrer Beurteilung von Investitionen zu einem zielgerichteteren Ergebnis, als dies die statischen Modelle können. Ein Grund hierfür ist die höhere Komplexität in der Datenermittlung. Diese Punkte sind ausschlaggebend dafür, dass dynamische Modelle seit Jahren State-of-the-Art in Theorie und Praxis der Investitionsrechnung sind (vgl. Gabler Verlag 2013).

Als Ergebnis dieses Fachbuches soll dem Unternehmen aufgezeigt werden, welche dynamische Investitionsmethode das geeignetste Hilfsinstrument bei der Entscheidungsfindung ist und bei welcher Methode die erforderlichen Daten im Unternehmen mit dem geringsten Aufwand zu generieren sind, ohne dabei das gesetzte Zeitfenster aus den Augen zu verlieren.

Dies bedeutet, nicht die am mathematisch besten funktionierende Methode ist am Ende die geeignetste für das betrachtete Investitionsvorhaben, sondern die Methode, bei der die meisten untersuchten Aspekte positiv geprüft werden. Nur so kann eine sichere Investitionsentscheidung getroffen werden, die die Risiken einer möglichen Fehlentscheidung minimiert und den zukünftigen Unternehmenserfolg fördert.

Dieses Ergebnis ist keine pauschale Handlungsempfehlung, da es auf die Anwendungssituation, die zu betrachtende Investition (Neuinvestition, Ersatzinvestition, etc.), das Volumen (Groß- oder Kleininvestition), das Unternehmen selbst und z.B. die finanzielle Situation (Eigenkapitalanteil) ankommt.

1.2 Vorgehensweise und Struktur

Im Einstieg des Buches wird die **Problemstellung, Zielsetzung und der weitere Verlauf des Buches** erläutert, um dem Leser einen kompakten Überblick über das Vorhaben zu verschaffen.

Der zweite Abschnitt beschäftigt sich mit der **Vorauswahl des Investitionsobjektes**. Hier wird erläutert, dass es neben den quantitativen Punkten die zur Ermittlung der Vorteilhaftigkeit dienen, noch andere für das Unternehmen maßgebliche Bewertungskriterien gibt, die im Vorfeld anhand einer Nutzwertanalyse ermittelt wurden. Das Investitionsobjekt, in diesem Fall die Verpackungsmaschine, wird kurz vorgestellt und die zu erwartenden Anschaffungskosten bei einer positiven Kaufentscheidung aufgelistet. Dieses Kapitel soll dazu dienen, dem Leser neben den im folgenden Abschnitt erläuterten Methoden, einen Überblick über das Investitionsobjekt zu ermöglichen.

Der dritte Teilbereich dieses Fachbuches erläutert intensiv, zum besseren Verständnis der weiteren Ausführungen, die theoretischen Herangehensweisen der einzelnen **dynamischen Investitionsrechnungsmethoden** und leitet somit eine erste Bewertung der Methoden ein. Im ersten Schritt erfolgt eine Definition der klassischen Investitionsrechnungsverfahren und dessen Unterteilung in statische und dynamische Verfahren. Die statische Investitionsrechnung wird vollständigkeitshalber definiert und deren grundsätzliche Unterteilung in ihre vier Methoden genannt.

Das vierte Kapitel soll verdeutlichen, dass in den meisten Fällen die Investitionsentscheidungen auf subjektiven Zukunftsprognosen basieren und daher einen gewissen Grad an Ungewissheit in sich bergen können. Die Sensibilitätsanalyse wird kurz als ein Instrument vorgestellt, welches ergänzend zu Investitionsmethoden angewendet werden kann, um die **Berücksichtigung von Ungewissheiten** nicht unbeachtet zu lassen.

Die im dritten Abschnitt theoretisch erläuterten dynamischen Investitionsrechnungsmethoden, werden im fünften Abschnitt, der **empirischen Untersuchung** am gewählten Beispiel des mittelständigen Unternehmens, vertieft und anhand der Fallsituation betrachtet. Das gewählte Unternehmen wird zu Beginn unter Berücksichtigung der folgenden empirischen Untersuchung vorgestellt, damit der Leser die Betrachtung besser verfolgen kann. In den folgenden Abschnitten wird jede Methode in der Anwendung unter realistischen, praxisnahen Bedingungen betrachtet, um abschließend bewertet werden zu können.

In der **Schlussbetrachtung** wird das Ergebnis aus Kapitel Fünf in eine Handlungsempfehlung für das Unternehmen verfasst. Diese beinhaltet die geeignetste dynamische Investitionsrechnungsmethode oder welche Kombination aus verschiedenen Methoden die Beste für das betrachtete Unternehmen ist. Die Bewertung wird mittels einer Nutzwertanalyse unterstützt, um somit einen idealen Beitrag zur angestrebten Entscheidungsfindung leisten zu können.

2 Vorauswahl des Investitionsobjekts

Die Vorteilhaftigkeit von Investitionen zu messen, ist nicht nur ein Problem der quantitativen Ermittlung, wie sie mit dynamischen Investitionsrechnungsmethoden praktiziert wird und im Fokus dieses Buches steht, sondern es existieren noch andere Bewertungskriterien, die für ein Unternehmen eine entscheidende Rolle spielen, die aber nur schwer quantitativ zu ermitteln sind. In diesen Fällen wird in der Praxis häufig zu dem Hilfsinstrument der Nutzwertanalyse gegriffen. Mit ihrer Hilfe wird der Nutzwert für jedes zur Auswahl stehende Investitionsobjekt ermittelt, worunter der quantitative Ausdruck für den subjektiven Wert einer Investition hinsichtlich des Erreichens vorgegebener Ziele verstanden wird.

Dieses Screening und Scoring hat im Vorfeld bei dem betrachteten Beispielunternehmen bereits stattgefunden. Nach einer Marktsondierung standen sich zwei Alternativen in der Nutzwertanalyse gegenüber und wurden nach hauptsächlich technischen Bewertungskriterien geprüft (vgl. Olfert 2012: 328).

Diese Anforderungen sind marktübergreifende Themen, wie sie *Harald Jung*, Geschäftsführer Finanz und Vertrieb der Koch Pac-Systeme GmbH, in einem Interview bei dem Fachmagazin „Pack Report" im Rahmen der FachPack 2012 berichtete. Er nannte dort zukünftige Anforderungen, wie der verstärkte Einsatz von Verpackungsmaterialien aus natürlichen Rohstoffen mit entsprechenden neuen Anforderungen für das Siegeln oder Trennen. Außerdem erwähnte er Auftrags- bzw. Formatwechsel durch flexiblere Maschinenkonzepte und eine erhöhte Funktionalität durch eine Verbesserung des Handlings Systems, welches gleich bedeutend ist mit einer bedienerfreundlicheren Steuerungsoberfläche (vgl. Jung 2012: 30f.).

Ein detaillierter Überblick über die Nutzwertanlyse, mit ihren einzelnen Anforderungen bzw. Bewertungskriterien, ist der in Anlage 1 befindlichen Auswertung zu entnehmen.

Die Alternative mit dem grössten Nutzwert nach der Analyse ist eine automatische Verpackungsmaschine des Typs „BETA" der Firma B. Zur Visualisierung ist in Abb. 1 eine vergleichbare Verpackungsmaschine der Firma Panotec S.r.l. zu sehen.

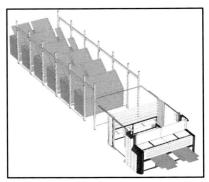

Abbildung 1: Automatische Verpackungsmaschine „NEXTMODE"
Quelle: (Panotec 2013: 3)

Funktion der Maschine

Die Verpackungsmaschine dient dem automatischen Zuschnitt von Faltkartonagen aus Endloswellpappe im Durchlauf. Durch diesen Prozess können passgenaue, kleinstmögliche und produktgerechte Verpackungen produziert werden, mit dem Ziel den Verpackungsaufwand deutlich zu reduzieren und den Schutz der Möbel vor Transportschäden zu erhöhen.

Preissituation

Das Investitionsvolumen der „BETA" beträgt 122.900 €. Dieser Preis beinhaltet ausschließlich die Maschine, ohne die notwendigen Komponenten, damit die Maschine im Unternehmen einsatzbereit ist.

Zusätzlich kommen noch folgende Anschaffungsnebenkosten zum reinen Maschinenpreis dazu: Bearbeitungseinheiten, Kartoneinzug, Datenübertragung, Werkzeug und Aggregate für Sonderrillung mit Perforation, Lieferung und Montage. Dadurch ergeben sich voraussichtliche Anschaffungskosten in Höhe von 193.450 €. Für die vollständige Implementierung der Maschine wird mit zusätzlichen Kosten in Höhe von ca. 80.000 € kalkuliert, die sich aus Fördertechnik und baulichen Maßnahmen zusammensetzen. Dieses Investitionsvolumen stellt bei einem Jahresumsatz in 2012 von ca. 20,1 Mio. € einen Anteil von ca. 1,3 % am Jahresumsatz dar, welches für einen mittelständigen Küchenmöbelhersteller eine relativ bedeutende Investition darstellt.

Bei diesem Investitionsvolumen ist eine detaillierte Investitionsrechnung unumgänglich, um das wirtschaftliche Risiko für das Unternehmen möglichst zu minimieren.

3 Klassische Investitionsrechnungsverfahren

Um im späteren Verlauf dieses Fachbuches eine Betrachtung der verschiedenen dynamischen Investitionsmodelle vornehmen zu können, ist es unumgänglich, vorab die entsprechenden theoretischen Grundlagen zu schaffen und vorzustellen. Daher erfolgt im ersten Schritt die Definition der klassischen Investitionsrechnungsverfahren und dessen Unterteilung in statische und dynamische Verfahren. Der Vollständigkeit halber wird es eine kurze Definition der statischen Verfahren geben, die in der Praxis eine zurückgestellte Rolle spielen und aus diesem Grund kein weiterer Bestandteil der in diesem Buch beurteilten Verfahren sind. Anschließend erfolgt eine detaillierte theoretische Betrachtung der dynamischen Verfahren.

Investitionsrechnungsverfahren haben die Aufgabe den zukünftigen Unternehmenserfolg zu prognostizieren und zu beurteilen (vgl. Döring, Wöhe 2008: 524). Es kann sich dabei um die isolierte Beurteilung der Vorteilhaftigkeit, welche als absolute Vorteilhaftigkeit bezeichnet wird, oder um den Vergleich verschiedener Investitionsobjekte mit dem identischen Verwendungszweck, welcher als relative Vorteilhaftigkeit bekannt ist, handeln (vgl. Heesen 2012: 5).

In diesem Fachbuch wird die Betrachtung der **absoluten Vorteilhaftigkeit** im Vordergrund stehen, da die Wahl zwischen den möglichen alternativen Verpackungsanlagen schon im Vorfeld getroffen worden ist. Daher stellt sich die Frage, ob diese Investition eine absolute Vorteilhaftigkeit gegenüber dem bisherigen Prozess der Verpackung erzielt.

Für diese Beurteilung existieren in der Theorie und in der Praxis eine Vielzahl an Investitionsrechnungsmethoden mit unterschiedlichen Zielgrößen und Herangehensweisen. Üblicherweise wird zwischen statischen und dynamischen Investitionsrechnungsmethoden unterschieden (vgl. Gabler Verlag 2013).

3.1 Statische Investitionsrechnungsverfahren

„Die **statische Investitionsrechnung** lässt sich als Einperiodenverfahren bezeichnen, da sie die der Investitionsentscheidung zugrunde liegenden Werte für eine durchschnittliche Periode (z.B. ein Jahr) berechnet" (Welt der BWL o.J.; Herv. im Orig.).

Statische Investitionsrechnung hat in der Praxis kaum noch Bedeutung, da sie die zeitliche Unterscheidung bei Ein- und Auszahlungen einer Investition, sofern sie vorkommen, außer Acht lassen. Somit sind diese Methoden zeitindifferent und praxisfern (vgl. Heesen 2012: 6).

Die statischen Verfahren mit ihrer durchschnittlichen Betrachtung von Zahlungsströmen sind in ihrer Anwendung zwar einfacher und haben daher noch eine Berechtigung in der Praxis, aber die damit errechneten Ergebnisse können allenfalls für eine Annäherung an das „richtige" Ergebnis dienen.

Aufgrund dieses Umstands wird sich in dem weiteren Verlauf des Buches ausschließlich mit der Betrachtung der dynamischen Investitionsrechnung befasst. Somit dient dieser kurze Exkurs zu den statischen Modellen der besseren Unterscheidung im Vergleich zu den dynamischen Modellen.

In der Literatur wird in vier Methoden der statischen Verfahren unterschieden, ein Beispiel hierzu ist *Lutz Kruschwitz*:

- Gewinnvergleichsrechnung
- Kostenvergleichsrechnung
- Renditevergleichsrechnung
- Amortisationsrechnung (vgl. Kruschwitz 2009: 31).

Diese Darstellung der statischen Modelle hat *Kruschwitz* im Zusammenhang mit der Wahlentscheidung in seiner neueren Auflage aus dem Jahr 2011 korrigiert. Er verzichtet dort komplett auf deren Vorstellung und legt den Fokus ausschließlich auf die dynamischen Modelle (vgl. Kruschwitz 2011: 29).

Für den weiteren Verlauf des Buches ist es von Bedeutung, dass die Existenz dieser Methoden bekannt ist, um einen Gesamtüberblick der klassischen Investitionsrechnung zu erlangen.

3.2 Verfahren der dynamischen Investitionsrechnung

„Dynamische Investitionsrechenverfahren beziehen die zeitliche Struktur der durch das Investitionsprojekt generierten Ein- und Auszahlungen explizit in die Vorteilhaftigkeitsbeurteilung ein. Im Gegensatz zu den statischen Rechenverfahren handelt es sich bei den dynamischen Investitionsrechenverfahren daher um Mehrperiodenmodelle" (Gabler Verlag 2013; Herv. im Orig.).

Durch das Einbeziehen der zeitlichen Struktur führen dynamische Modelle zu einem zielgerichteteren Ergebnis und stehen daher im Mittelpunkt der Betrachtung dieses Fachbuches.

In dem folgenden Abschnitt werden die in der Literatur am häufigsten verbreiteten Methoden der dynamischen Investitionsrechnung theoretisch beschrieben. Zum besseren Verständnis und zur Vergleichbarkeit, werden die Methoden an Hand von Beispielwerten erläutert.

Die dynamischen Modelle lassen sich in zwei Gruppen gliedern. Zum Einem gibt es Modelle, die von einem vollkommenen Kapitalmarkt mit einheitlichem Kalkulationszinssatz ausgehen, mit dem sämtliche Ein- und Auszahlungen auf- und abgezinst werden können. Zum anderen wird angenommen, dass unterschiedliche Kalkulationszinssätze existieren, zu der finanzielle Mittel angelegt oder aufgenommen werden können. Die folgende Abb. 2 beinhaltet einen Überblick über diese beiden Gruppen der dynamischen Modelle. In den weiteren Abschnitten werden diese theoretisch und im fünften Kapitel empirisch untersucht (vgl. Götze 2008: 70).

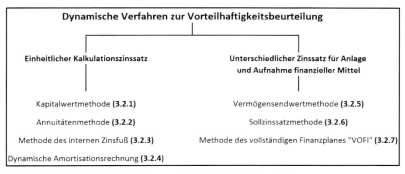

Abbildung 2: Dynamische Verfahren zur Vorteilhaftigkeitsbeurteilung
Quelle: Anlehnung an (Götze 2008: 70)

3.2.1 Kapitalwertmethode

Die Kapitalwertmethode dient zur Analyse der Vorteilhaftigkeitsbeurteilung, mit dem Kapitalwert als Zielgröße. Dieser ist die Summe, aller auf den Zeitpunkt vor der ersten Zahlung **abgezinsten** Ein- und Auszahlungen, die durch die Realisation eines Investitionsobjektes verursacht werden (vgl. Götze 2008: 71).

Der Kapitalwert lässt sich als Formel wie folgt darstellen: (3.1)

$$K_o = -A_0 + \sum_{t=1}^{n} \frac{(E_t - A_t)}{(1 + i)^t}$$

K_o	Kapitalwert
A_0	Anschaffungsauszahlung
E_t	Einzahlung in der Periode t
A_t	Auszahlung in der Periode t
n	Nutzungsdauer, Nutzungsjahr
t	Zeitpunkt
i	Kalkulationszinssatz
$\sum_{t=1}^{n}$	Summe von t=1 bis n

Bei der Kapitalwertmethode handelt es sich um ein Endwertmaximierungsmodell, welches bedeutet, dass der Investor die Maximierung des Gegenwartswerts eines Unternehmens, die Steigerung des Vermögens, als einziges Ziel am Ende des Planungshorizonts anstrebt (vgl. Schäfer 2005: 114). Das Endwertmaximierungsmodell stellt eine Aufbauphase mit abschließender Gewinnrealisation dar.

Um die Kapitalwertmethode sowie die folgenden dynamischen Methoden erläutern zu können, wird in allen weiteren Betrachtungen mit den gleichen Basiswerten gearbeitet. Eine detaillierte Berechnung anhand der Fallsituation wird im empirischen Teil des Buches folgen. Diese Werte dienen ausschließlich zum besseren Verständnis und um eine größere Vergleichbarkeit zu erzielen.

Die in Tab. 1 aufgeführten Daten stellen folgende Fallsituation dar. Die Investitionskosten betragen 100.000 €, die vollständig fremdfinanziert werden müssen, da dem Unternehmen zur Zeit der Investition kein freies Eigenkapital zur Verfügung steht. Der Kalkulationszinssatz orientiert sich bei einer Fremdfinanzierung am Marktzinssatz für langfristige Kredite. In diesem Fall ist dieser auf 8 % festgelegt. Bei einer Finanzierung aus Eigenkapital zählt die höchste Verzinsung, die sich alternativ erzielen lassen würde, wie dies beispielsweise bei einem Aktienfond der Fall wäre (vgl. Dörsam 2007: 13). Nach der Nutzungsdauer von 5 Jahren, wird mit keinem zusätzlichen Liquiditätserlös durch einen Verkauf der Anlage gerechnet. Der Einzahlungsüberschuss (EZÜ), der sich aus der Differenz der Einzahlung und der Auszahlung einer Periode ergibt, ist für die gesamte Nutzungsdauer angegeben.

In der Literatur besteht eine kapitalfreisetzende Einzahlung aus den Erlösen für die Erzeugnisse, die mit dem Investitionsobjekt hergestellt werden, und den Erlösen, die aus dem möglichen Verkauf des Investitionsobjekts entstehen (vgl. Olfert 2012: 206).

Bei dem betrachtenden Beispiel der Verpackungsmaschine ist es nicht der Erlös von Erzeugnissen, der für eine Einzahlung steht, sondern mehr die Einsparung im Vergleich zu der Verpackungssituation zuvor. Eine nähere Beschreibung, wie sich diese Einzahlungen (Einsparungen) zusammensetzen, erfolgt in Kapitel Fünf.

In der Literatur besteht eine kapitalbindende Auszahlung aus den Auszahlungen der Anschaffung und laufenden Auszahlungen für die Nutzung des Investitionsobjektes, wie z.B. Strom, Wartungen, Serviceleistungen oder zusätzliche Betriebsmittel (vgl. Olfert 2012: 206).

Tab. 1 zeigt alle Daten die zur Betrachtung der Methoden notwendig sind.

Tabelle 1: Basisdaten für die theoretische Betrachtung
Quelle: Eigene Darstellung

Daten	Werte	Daten	Werte
Anschaffungsauszahlung (in €)	100.000	EZÜ in t=1 (in €)	24.400
Nutzungsdauer (in Jahre)	5	EZÜ in t=2 (in €)	27.300
Liquidationserlös (in €)	0	EZÜ in t=3 (in €)	30.270
Kalkulationszinssatz (in %)	8	EZÜ in t=4 (in €)	27.500
Eigenkapital (in €)	0	EZÜ in t=5 (in €)	24.200

Die Basisdaten in die Formel 3.1 eingesetzt ergeben folgenden Kapitalwert für dieses Beispiel:

$$K_o = -100000 + \frac{24400}{1{,}08^1} + \frac{27300}{1{,}08^2} + \frac{30270}{1{,}08^3} + \frac{27500}{1{,}08^4} + \frac{24200}{1{,}08^5}$$

$$K_o = 6711$$

Das Investitionsobjekt weist einen positiven Kapitalwert von 6.711 € auf und ist somit als absolut vorteilhaft zu bezeichnen. Diese Vorteilhaftigkeit lässt sich mit Blick auf den Kalkulationszinssatz wie folgt interpretieren:

Die Verzinsung der Anlage mit dem damit verbundenen Kapital in Höhe von 100.000 € ist höher, als der angegebene Kalkulationszinssatz von 8 %.

Eine Vorteilhaftigkeit bei einer Investition tritt auf, wenn bei dem gewählten Kalkulationszinssatz, der auf dem Zeitpunkt t = 0 bezogene Kapitalwert, der EZÜ aller Zahlungen, die zum Zeitpunkt t = 0 oder später anfallen nicht negativ ist. Die Formulierung „nicht negativ" bedeutet, dass Investitionen, dessen Kapitalwert gleich Null ist, für Investoren trotzdem eine sinnvolle Geldanlage darstellen können (vgl. Däumler, Grabe 2007: 64).

Dies bedeutet ein Investitionsobjekt ist absolut vorteilhaft, wenn $K_0 \geq 0$ ist. Bei einem Vergleich verschiedener Investitionsobjekte tritt eine relative Vorteilhaftigkeit für das Objekt A ein, wenn $K_0\ des\ Objekt\ A > K_0\ des\ Objekt\ B$ ist. Eine Investition sollte bei einem negativen Kapitalwert $K_0 < 0$ nicht durchgeführt werden.

In dem gewählten Beispiel wird ein möglicher Liquiditätserlös außer Acht gelassen. Ein Liquiditätserlös ist die Einnahme, die ein Unternehmen nach Ablauf der Nutzungsdauer mit dem Verkauf des Investitionsobjekts erzielen kann. Diese Möglichkeit der zusätzlichen Einnahme kann das Ergebnis des Kapitalwerts entscheidend ändern und somit die Investitionsentscheidung beeinflussen. Um diese Auswirkung darzustellen, wird entgegen den zuvor gemachten Annahmen das Beispiel mit einem Liquiditätserlös nach n = 5 von z.B. 8.350 € betrachtet.

Die Kapitalwertformel mit Liquiditätserlös lautet wie folgt: (3.2)

$$K_o = -A_0 + \sum_{t=1}^{n} \frac{(E_t - A_t)}{(1+i)^t} + \frac{1}{(1+i)^n} * L$$

L   Liquiditätserlös

$$K_o = 6711 + \frac{1}{1,08^5} * 8350$$

$$K_o = 12394$$

Ein Liquiditätserlös wirkt sich positiv auf den Kapitalwert aus, da er eine zusätzliche Einnahme darstellt. In diesem Beispiel erhöht sich der Kapitalwert um den auf die Nutzungsdauer abgezinsten Verkaufserlös von 12.394 € (vgl. Dörsam 2007: 28). Das Thema des Liquiditätserlöses wird bei den folgenden Modellen nicht berücksichtigt, da es grundsätzlich eine positive Auswirkung hat und einen prognostizierten Wert darstellt, dessen Sicherheit nur geringfügig gegeben ist. Unter diesen Voraussetzungen trägt dieser nicht zur Verbesserung des Betrachtungsergebnisses dieser Untersuchung bei.

Verfahrensbeurteilung

Die Kapitalwertmethode stellt in der wissenschaftlichen Literatur das am meisten beachtete und akzeptierte Verfahren dar. Dieses und die folgenden Verfahren sollen unter verschiedenen Kriterien geprüft werden, um bei einer späteren Betrachtung eine gezielte Aussage treffen zu können. In der Praxis sind bei der späteren Auswahl der geeignetsten Methode, folgende Kriterien von Bedeutung:

Der Rechenaufwand zur Ermittlung des Zielwerts, die Datenermittlung unter der Berücksichtigung der Unterpunkte sowie die Anzahl der Daten und Möglichkeit der Datenbeschaffung. Abschließend müssen bei den Investitionsrechnungsmethoden einige theoretische Annahmen getroffen werden, bei denen zu prüfen ist, wie sich spätere Veränderungen, die sich in der Praxis ergeben, auf das Ergebnis auswirken.

Um den Rechenaufwand bei dieser Methode beurteilen zu können, ist die gewählte Formel 3.1 oder 3.2 zwar mathematisch korrekt, aber in der Praxis würde eine praktikablere Darstellung gewählt werden, wie sie das Tabellenkalkulationsprogramm Excel vorgibt. Aus diesem Grund wird der Rechenaufwand anhand von Excel beurteilt und vorgestellt (vgl. Heesen 2012: 27).

Tab. 2 zeigt den Aufbau einer in Excel angelegten Tabelle, die der Berechnung des Kapitalwerts dient.

Tabelle 2: Datentabellen zur Berechnung des Kapitalwerts
Quelle: Eigene Darstellung

Kalkulationszinssatz (i) =		0,08		
Nutzungsdauer in Jahren t	Auszahlungen A_t	Einzahlungen E_t	EZÜ $E_t - A_t$	Barwert $\frac{(E_t - A_t)}{(1+i)^t}$
0	100.000 €	- €	-100.000 €	-100.000 €
1	10.000 €	34.400 €	24.400 €	22.593 €
2	14.000 €	41.300 €	27.300 €	23.405 €
3	18.000 €	48.270 €	30.270 €	24.029 €
4	16.100 €	43.600 €	27.500 €	20.213 €
5	14.900 €	39.100 €	24.200 €	16.470 €
Summe:	173.000 €	206.670 €	33.670 €	**6.711 €**

Zusätzlich ist es möglich den Kapitalwert mit der „Nettobarwert"-Formel (NBW) zu berechnen. Für diese Formel benötigt der Anwender folgende Daten: NBW (Kalkulationszins; EZÜ1; EZÜ2;...; EZÜn). Durch diese kompakte Formel und dem damit verbundenen Zeitgewinn stellt sie somit eine interessante Alternative dar (vgl. Rath 2012b). Der Rechenaufwand ist daher als relativ gering einzustufen. Die Datenermittlung, bezogen auf die Anzahl der Daten, ist überschaubar, da die benötigten Daten Bestandteil der Berechnung der folgenden dynamischen Methoden sind und ohnehin ermittelt werden müssen. Der Großteil dieser Daten sind zukünftige Werte und können somit nur prognostiziert werden. Dieser Zustand stellt ein gewisses Risiko in der Berechnung dar, trifft aber auf sämtliche Modelle der dynamischen Investitionsrechnung zu und ist daher als nicht besonders aufwendig bzw. kompliziert zu beurteilen (vgl. Götze 2008: 80). Die Möglichkeiten der Datenbeschaffung stellen in der Praxis oft eine größere Hürde dar, weil nicht jedes Unternehmen eine Informationsbasis hat, aus der sich die notwendigen Werte für eine relativ sichere Prognose ableiten lassen. Dieser Ansatz wird bei der empirischen Untersuchung eine entscheidende Rolle spielen.

In der Realität müssen die Marktteilnehmer mit einigen Unwägbarkeiten bei der Planung von Investitionen zurechtkommen, wie z.B. abweichenden Soll- und Habenzinsen einer nicht bekannten Nutzungsdauer oder unbekannten Auszahlungen und Einzahlungen. Aufgrund dieser Unwägbarkeiten werden bei den dynamischen Modellen einige Modellannahmen getroffen (vgl. Döring, Wöhe 2008: 533).

Bei der Kapitalwertmethode wird die Nutzungsdauer der geplanten Investition vorgegeben und die Zahlungen müssen bestimmten Perioden zugerechnet werden können. Die Sicherheit der Daten wird vorausgesetzt, die relevante Zielgröße bei der Entscheidungsfindung ist der Kapitalwert und es wird von der Existenz eines vollkommenen Kapitalmarkts ausgegangen.

Der vollkommene Kapitalmarkt stellt eine Konstruktion von Annahmen dar. Diese besagen, dass der Preis für jeden Zahlungsstrom zu jedem Zeitpunkt und für jeden Marktteilnehmer identisch ist und dass zwischen den Marktteilnehmern in Form und Zeit gleich verteilte Informationen, mit unendlich schnellen Reaktionszeiten und ohne Kosten unter vollständiger Konkurrenz, vorliegen (vgl. Auernhammer 2007: 2).

Diese Modellannahmen sind aufgrund ihres mangelnden Realitätsbezugs negativ einzustufen, finden sich aber in den folgenden dynamischen Methoden wieder, weil dadurch eine theoretische Betrachtung erleichtert wird (vgl. Konetzny o.J.).

3.2.2 Annuitätenmethode

Die Annuitätenmethode ermittelt einen gleichbleibenden Periodenüberschuss, der neben der Kapitalwiedergewinnung (Tilgung) und Verzinsung zur Verfügung steht. Bei diesem Wert handelt es sich um einen rein rechnerischen Wert, der aus dem Kapitalwert abgeleitet wird. Im Gegensatz zur Kapitalwertmethode, die den Totalerfolg einer Investition ermittelt, stellt die Annuitätenmethode den Periodenerfolg dar (vgl. Becker 2012: 65).

Die Annuität An lässt sich als Formel wie folgt darstellen: (3.3)

$$An = K_o * \frac{(1+i)^n * i}{(1+i)^n - 1}$$

An Annuität

Als Berechnungsgrundlage dienen die Basisdaten aus Tab. 1 und der daraus errechnete Kapitalwert. Diese Werte eingesetzt in die Formel 3.3, ergeben folgende Annuität:

$$An = 6711 * \frac{(1+0{,}08)^5 * 0{,}08}{(1+0{,}08)^5 - 1}$$

$$An = 1681$$

Die Annuität weist zwangsläufig einen positiven Wert auf, da sie das rechnerische Resultat aus der Kapitalwertmethode ist. Damit ist die Einzelinvestition ebenfalls als absolut vorteilhaft zu beurteilen.

Dies bedeutet, ein Investitionsobjekt ist absolut vorteilhaft, wenn $An \geq 0$ ist. Bei einem Vergleich verschiedener Investitionsobjekte tritt eine relative Vorteilhaftigkeit für das Objekt A ein, wenn $An\ des\ Objekt\ A > An\ des\ Objekt\ B$ ist. Eine Investition sollte bei einer negativen Annuität $An < 0$ nicht durchgeführt werden.

In Tab. 3 soll der Zusammenhang zwischen der Annuitätenmethode und der Kapitalwertmethode verdeutlicht werden. Dort wird die Annuität in den einzelnen Perioden auf den Zeitpunkt = 0 abgezinst, welches die Barwert Annuität als Resultat zur Folge hat. Dessen Summe ergibt wieder den Totalerfolg der Investition, gesehen über die Nutzungsdauer von 5 Jahren.

Tabelle 3: Abzinsung der Annuität zur Berechnung des Kapitalwerts
Quelle: Eigene Darstellung

Kalkulationszinssatz (i) =	0,08	
Nutzungsdauer in Jahren t	Annuität An	Barwert Annuität $An * (1 + i)^t$
1	1.681 €	1.556,23 €
2	1.681 €	1.440,96 €
3	1.681 €	1.334,22 €
4	1.681 €	1.235,39 €
5	1.681 €	1.143,88 €
	Summe	6.711 €

Neben der Annuiät, die pro Periode gleichbleibend ist, müssen durch den Einzahlungsüberschuss anfallende Zinsen, die durch die Fremdfinanzierung entstehen, beglichen werden, sowie eine Tilgung des Kredits stattfinden. Diese beiden Werte entwickeln sich im Laufe der Nutzungsdauer konträr. Während die Zinsen im Laufe der Zeit geringer werden, steigt proportional dazu die Tilgungsrate. Abb. 3 stellt diese Entwicklung anhand eins Balkendiagramms verdeutlicht dar. Die Summe der einzelnen Balken steht für den EZÜ der Perioden wie sie in Tab. 1 genannt werden.

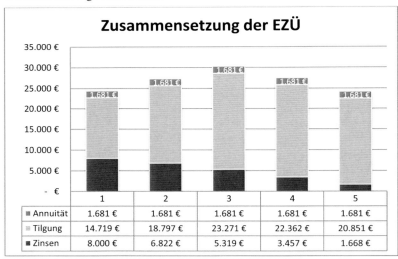

Abbildung 3: Zusammensetzung der Einzahlungsüberschüsse
Quelle: Eigene Darstellung

Verfahrensbeurteilung

Die Annuitätenrechnung ist in der Praxis eher selten anzutreffen. Sie findet ihre Anwendung bei zeitlich unbegrenzten Investitionsobjekten und ist daher aus der Baufinanzierung bekannt, bei der die Tilgung der Darlehen über eine Annuität gestaltet wird (vgl. Heesen 2012: 56).

Die Annuitätenmethode entspricht der Kapitalwertmethode und trifft die gleichen Modellannahmen. Der wesentliche Unterschied liegt in der Vorteilhaftigkeitsbeurteilung. Bei der absoluten Vorteilhaftigkeit ist das Resultat der Betrachtung identisch, aber bei der relativen Vorteilhaftigkeit, dem Vergleich mehrerer Investitionsobjekte mit unterschiedlichen Nutzungsdauern, weist die Annuitätenmethode ihre Vorteile auf, da die Annuität den durchschnittlichen jährlichen Ertrag einer Investition bezeichnet (vgl. Horstmann 2011: 19).

Durch diese Betrachtung können andere Ergebnisse bzw. Entscheidungen im Vergleich zur Kapitalwertmethode, getroffen werden. Als Beispiel kann eine Vergleichsrechnung in Anlage 2 betrachtet werden, in der die Kapitalwertmethode für Investition II mit einem Kapitalwert von 6.711 € als vorteilhaft bewertet wird, bei der aber die Annuität der Investition I mit 2.062 € höher ist als die Annuität der Investition II mit 1.681 €. Die Ursache hierfür ist die unterschiedliche Nutzungsdauer beider Investitionen. Diese periodisierte Betrachtung ermöglicht dem Anwender eine bessere Interpretation der Zielgröße.

Der Rechenaufwand der Annuitätenmethode ist aufgrund der zusätzlichen Rechenoperation im Vergleich zum Kapitalwert aufwändiger, aber noch überschaubar einzustufen. Neben der Formel 3.3, besteht in Excel die Möglichkeit mit der „Regelmäßigen Zahlung" Formel (RMZ), die Annuität zu berechnen. Für die Formel benötigt der Anwender folgende Daten: RMZ (Kalkulationszins; Nutzungsdauer; Barwert; Endwert (bei einem Kredit ist der Endwert = 0); Fälligkeit (0 = am Ende einer Periode / 1 = am Anfang einer Periode). Dieses stellt somit eine interessante Alternative dar.

Bei der Datenermittlung kann sich auf die Aussagen der Kapitalwertmethode gestützt werden. Bei der Annuitätenmethode ist der Unterpunkt der Datenbeschaffung besonders zu berücksichtigen, da für eine Berechnung der Annuität zwingend die Berechnung des Kapitalwerts notwendig ist. Somit entsteht ein erhöhter Aufwand bei der Datenbeschaffung.

3.2.3 Methode des internen Zinsfußes

Die Methode des internen Zinsfußes dient zur Bestimmung der Rentabilität des durch die Investition gebundenen Kapitals. Sie ist eine Variante der Kapitalwertmethode, bei der ein Zinssatz gesucht wird, der zu einem Kapitalwert von 0 € führt. Anders ist dies bei der Kapitalwertmethode, bei der es einen gegebenen Zinssatz gibt, mit dem der Kapitalwert ermittelt wird (vgl. Becker 2012: 63).

Der interne Zinsfuß lässt sich mittels der „Regula-Falsi"-Gleichung darstellen: (3.4)

$$IZF = i_1 - K_1 * \frac{i_2 - i_1}{K_2 - K_1}$$

IZF Interner Zinsfuß

i_1 Versuchszins 1 (%), der zu einem positiven Kapitalwert K_1 führt

i_2 Versuchszins 2 (%), der zu einem negativen Kapitalwert K_2 führt

K_1 positiver Kapitalwert auf der Basis von i_1

K_2 negativer Kapitalwert auf der Basis von i_2

Das „Regula-Falsi"-Verfahren (lat. „Regel des Falschen") ist ein Näherungsverfahren zur Nullstellenberechnung (vgl. Heesen 2012: 59ff.).

Die beiden Versuchszinsen sollten nicht mehr als zwei Prozentpunkte auseinander liegen und somit möglichst nahe an dem tatsächlichen Zinsfuß liegen. Das Ergebnis kann bis auf die zweite Nachkommastelle genau ermittelt werden.

Die Art der Berechnung ist für die Praxis weniger geeignet, da diese Berechnung nicht das exakte Ergebnis hervorbringt und dazu noch mit einem erhöhten Aufwand verbunden ist. So wird in der Praxis, wie schon bei den anderen Verfahren, auf Excel verwiesen. Durch die Interne-Kapitalverzinsungs-Funktion (IKV) lässt sich der exakte Wert des internen Zinsfußes berechnen. Der Anwender benötigt für die IKV-Funktion die Summe aller Einzahlungsüberschüsse. Unter der Voraussetzung der Basisdaten aus Tab. 1 ergibt sich folgender interner Zinsfuß:

IZF = 10,5036506078711 %.

Die gesamte Berechnung und der Aufbau ist Anlage 3 zu entnehmen. Dies bedeutet, ein Investitionsobjekt ist absolut vorteilhaft, wenn $IZF \geq i$ ist. Bei einem Vergleich verschiedener Investitionsobjekte tritt eine relative Vorteilhaftigkeit für das Objekt A ein, wenn *IZF des Objekt A > IZF des Objekt B* ist. Eine Investition sollte bei einem niedrigeren internen Zinsfuß als dem Kalkulationszins *IZF < i* nicht durchgeführt werden.

In Abb. 4 ist die Kapitalwertfunktion zu sehen. Die Y-Achse beschreibt den Kapitalwert in € und die X-Achse stellt den Kalkulationszins in % dar. Der Schnittpunkt mit der X-Achse liegt bei 10,50 %, welcher den internen Zinsfuß für diese Fallsituation angibt. Zum Vergleich ist ebenfalls der angenommene Kalkulationszinssatz von 8 % mit seinem Kapitalwert von 6.711 € eingezeichnet, um optisch die Situation der absoluten Vorteilhaftigkeit darzustellen.

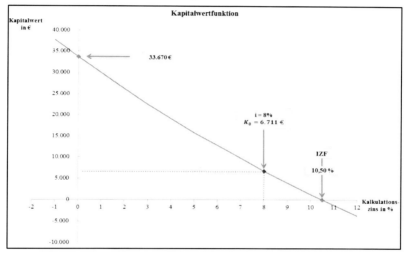

Abbildung 4: Zeichnung der Kapitalwertfunktion
Quelle: Anlehnung an (Dörsam 2007: 29)

Verfahrensbeurteilung

Bei der Beurteilung der internen Zinsfuß-Methode ist auf die Beurteilung der Kapitalwertmethode zu verweisen. Modellannahmen und benötigte Daten sind bei beiden Methoden in weiten Teilen identisch.

Der Rechenaufwand bei dem „Regula-Falsi"-Verfahren ist höher als bei der Berechnung des Kapitalwerts oder der Annuität. Mit der in der Praxis verwendeten IKV-Formel, ist dieser Aufwand zu vernachlässigen, da es nicht zur Anwendung des „Regula-Falsi"-Verfahrens kommt.

3.2.4 Dynamische Amortisationsrechnung

Mit der dynamischen Amortisationsrechnung wird der Zeitraum betrachtet, bis der Investitionsbetrag durch die Einzahlungsüberschüsse dem Unternehmen wieder zur Verfügung steht (vgl. Götze 2008: 107). Zur Vorteilhaftigkeitsbeurteilung dient die Amortisationszeit als Zielgröße. Dies beschreibt den Zeitpunkt (Break-even-Point), bei der die Investition erstmals einen Gewinn erzielt.

Die Amortisationszeit lässt sich als Formel wie folgt darstellen: (3.5)

$$AZ = t^* + \frac{K_{t^*}}{K_{t^*} - K_{t^*+1}}$$

$\quad AZ \quad$ Amortisationszeit

$\quad t^* \quad$ die Periode, die letztmalig einen negativen kumulierten Barwert aufweist

Um die Periode in der letztmalig ein negativer, kumulierter Barwert aufgewiesen wurde, feststellen zu können, ist eine extra Spalte in Tab. 4 mit dem kumulierten Barwert notwendig. In Tab. 4 ist dieses dargestellt. Als Basis dient Tab. 2 aus dem Kapitel der Kapitalwertberechnung.

Tabelle 4: Kumulierter Barwert zur Berechnung der Amortisationszeit
Quelle: Anlehnung an (Rath 2012d)

Kalkulationszinssatz (i) =		0,08			
Nutzungsdauer in Jahre	Auszahlungen	Einzahlungen	EZÜ	Barwert $\frac{(E_t - A_t)}{(1+i)^t}$	Kum. Barwert $\sum_{t=1}^{n} \frac{(E_t - A_t)}{(1+i)^t}$
t	A_t	E_t	$E_t - A_t$		
0	100.000 €	- €	-100.000 €	-100.000 €	-100.000 €
1	10.000 €	34.400 €	24.400 €	22.593 €	-77.407 €
2	14.000 €	41.300 €	27.300 €	23.405 €	-54.002 €
3	18.000 €	48.270 €	30.270 €	24.029 €	-29.973 €
4	16.100 €	43.600 €	27.500 €	20.213 €	-9.759 €
5	14.900 €	39.100 €	24.200 €	16.470 €	6.711 €
Summe:	173.000 €	206.670 €	33.670 €	6.711 €	

Die ermittelten Daten in die Formel 3.5 eingesetzt, ergeben für diese Fallsituation folgenden Amortisationszeitpunkt:

$$AZ = 4 + \frac{-9759}{-9759 - 6711}$$

$$AZ = 4,59$$

Das Investitionsobjekt hat sich nach einem Zeitraum von 4,59 Jahren amortisiert. Dieser Zeitpunkt liegt vor dem Ende der Nutzungsdauer von 5 Jahren und ist somit als absolut vorteilhaft zu bewerten. Dies bedeutet, ein Investitionsobjekt ist absolut vorteilhaft, wenn $AZ \leq n$ ist. Bei einem Vergleich verschiedener Investitionsobjekte tritt eine relative Vorteilhaftigkeit für das Objekt A ein, wenn $AZ\ des\ Objekt\ A < AZ\ des\ Objekt\ B$ ist. Eine Investition sollte bei einer Amortisationszeit die länger als die Nutzungsdauer ist $AZ > n$ nicht durchgeführt werden.

In Abb. 5 wird der Verlauf des kumulierten Barwerts über die Nutzungsdauer der 5 Jahre angezeigt. Bei dem errechneten Zeitpunkt von 4,59 Jahren durchbricht der Wert die X-Achse, die für einen Barwert von 0 € steht.

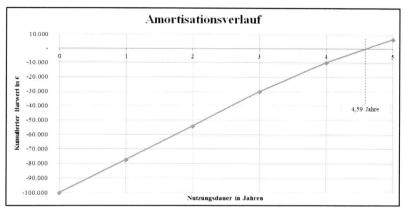

Abbildung 5: Amortisationsverlauf
Quelle: Eigene Darstellung

Ab diesem Zeitpunkt weist die Investition einen Gewinn auf. Je früher dieser Zeitpunkt erreicht wird, desto schneller kann der Investor auf Änderungen der prognostizierten Daten reagieren. Durch diese Reaktion wird das Risiko einer Fehlinvestition verringert. Diesem Umstand trägt es bei, dass die Amortisationsrechnung ein wichtiger Faktor bei der Risikobeurteilung von Investitionen ist. In der Praxis verwenden ca. 15 % der deutschen Großunternehmen die Kapitalrückflusszeit als Risikomaß (vgl. Däumler, Grabe 2010: 112).

Verfahrensbeurteilung

Die Amortisationsrechnung baut bei der Modellannahme sowie bei der Datenermittlung auf die Basis der Kapitalwertmethode auf. Durch den zusätzlichen Faktor Zeit kann sie bei der Vorteilhaftigkeitsbeurteilung als wichtige Ergänzung zu den bereits vorgestellten Methoden dienen. Dies beinhaltet einen zusätzlichen Rechenaufwand, der berechtigt aber nicht entscheidend ist, da sie als alleinige Methode jedoch nicht ausreichend ist.

3.2.5 Vermögensendwertmethode

Bei der Vermögensendwertmethode dient der Vermögensendwert als Zielgröße zur Vorteilhaftigkeitsbeurteilung. Der Vermögensendwert beschreibt sämtliche Einzahlungsüberschüsse, die zum letzten Zeitpunkt der Nutzungsdauer der betrachteten Investition **aufgezinst** werden können. Anders als die bisherigen Methoden wird dieser unterstellt, dass es unterschiedliche Zinssätze für Anlage und Aufnahme finanzieller Mittel gibt. Zum einen den Sollzinssatz (s), der den Aufnahmezinssatz darstellt, sowie zum anderen den Habenzinssatz (h), der für den Anlagezinssatz steht (vgl. Götze 2008: 110).

Für die Vorteilhaftigkeitsbeurteilung wird je ein positives Vermögenskonto (V_t^+) und ein negatives Vermögenskonto (V_t^-) geführt. Diese beiden Konten können unter zwei verschiedenen Grundsätzen geführt werden (vgl. Schäfer 2005: 206):

1. Mit dem Grundsatz des **Kontenausgleichsverbotes**, bei dem beide Konten während des Planungszeitraums isoliert voneinander geführt werden.
2. Mit dem Grundsatz des **Kontenausgleichsgebotes**, bei dem eine Verrechnung der beiden Konten zugelassen wird.

<u>Kontenausgleichsverbot</u>

Es wird davon ausgegangen, dass die Einzahlungs- sowie die Auszahlungsüberschüsse während der Nutzungsdauer der Investition in jeweils getrennten Konten voneinander und ohne Ausgleich geführt werden. Am Ende der Nutzungsdauer werden diese beiden Konten zusammengeführt, um den Vermögensendwert zu bestimmen. Das positive Vermögenskonto wird mit dem Habenzinssatz (h) verzinst und das negative Vermögenskonto wird demzufolge mit dem Sollzinssatz (s) verzinst (vgl. Perridon et al. 2012: 90).

Dieses lässt sich als Formel wie folgt darstellen: (3.6)

$$K_n = V_t^+ - V_t^- = \sum_{t=1}^{n} E_t(1+h)^{n-t} - \sum_{t=1}^{n} A_t(1+s)^{n-t}$$

K_n Vermögensendwert am Ende der n-ten Periode

In Abb. 6 ist dieser Vorgang anhand der Beispieldaten aus Tab. 1 zur Verdeutlichung dargestellt. Der Habenzinssatz (h) ist in dieser Rechnung mit 6 % angegeben und der Sollzinssatz (s) ist mit 8 % identisch zum Kalkulationszinssatz (i) aus Tab. 1.

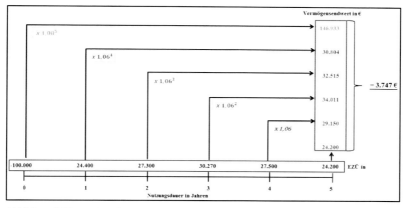

Abbildung 6: Veranschaulichung der Berechnung des Vermögensendwerts
Quelle: Anlehnung an (ter Horst 2009: 50)

Dies bedeutet, ein Investitionsobjekt ist absolut vorteilhaft, wenn $K_n \geq 0$ ist. Unter den gegebenen Voraussetzungen ergibt die Investition einen Vermögensendwert von 3.747 € und ist somit als absolut vorteilhaft zu bewerten.

Bei einem Vergleich verschiedener Investitionsobjekte tritt eine relative Vorteilhaftigkeit für das Objekt A ein, wenn K_n $des\ Objekt\ A > K_n$ $des\ Objekt\ B$ ist. Eine Investition sollte bei einem negativen Vermögensendwert $K_n < 0$ nicht durchgeführt werden.

Kontenausgleichsgebot

Eine vereinfachte Form stellt das Kontenausgleichsgebot dar. Positive Einzahlungsüberschüsse werden in voller Höhe zur Tilgung der Schulden verwendet und nach Tilgung, kann eine Anlage zum Habenzinssatz (h) erfolgen (vgl. Perridon et al. 2012: 90).

Demzufolge muss nur ein Vermögenskonto geführt werden, für welches folgende Formel für den Vermögensendwert gilt: (3.7)

$$K_t = EZÜ + K_{t-1}(1 + z)$$
$$z = s, wenn\ K_{t-1} < 0$$
$$z = h, wenn\ K_{t-1} > 0$$

Unter Anwendung dieser Formel, ergibt sich ein Vermögensendwert nach 5 Jahren Nutzungsdauer von 9.860 €.

Die Rechnung und der Aufbau in Excel dieser beiden Grundsätze kann Anlage 4 entnommen werden, in der diese Beiden anhand der Basisdaten aus Tab. 1 mit der Ergänzung eines Haben- und Sollzinssatzes durchgeführt wurden.

<u>Verfahrensbeurteilung</u>

Die Vermögensendwertmethode ist in vielen Punkten mit der Kapitalwertmethode zu vergleichen. Beide Verfahren sind bei der Berechnung eher als nicht sehr aufwendig zu bewerten.

Der größte Unterschied liegt in der Modellannahme. Während die Kapitalwertmethode von einem vollkommenen Kapitalmarkt ausgeht, zu dem ein einheitlicher Kalkulationszinssatz gehört, wird bei der Vermögensendwertmethode von einem Haben- und Sollzinssatz ausgegangen. Diese Annahme ist realitätsnaher, aber bei einer nur geringfügigen Abweichung dieser beiden Zinssätze ist das Ergebnis beider Methoden fast identisch (vgl. Götze 2008: 115).

In puncto Datenermittlung muss der Anwender eine Prognose für zwei (Haben- und Sollzinssatz), anstatt für einen Kalkulationszinssatz abgeben. Dies bedeutet, dass bei der Recherche zwei Sektoren betrachtet werden müssen. Zum einen die Anlage sowie zum anderen die Kreditseite. Dieser Umstand erhöht den Aufwand nicht wesentlich, da bei der Prognose eines Kalkulationszinssatzes beide Seiten geprüft werden sollten.

3.2.6 Sollzinssatzmethode

Die Sollzinssatzmethode dient zur Ermittlung des kritischen Sollzinssatzes, bei der der Vermögensendwert Null erreicht und somit als Pendant zur internen Zinsfuß-Methode anzusehen ist. Der Habenzinssatz wird als gegeben angesehen und ist somit die Konstante in der Untersuchung (vgl. Becker 2012: 72).

Wie schon die interne Zinsfuß-Methode lässt sich die Sollzinssatzmethode mittels der „Regula-Falsi"-Gleichung darstellen: (3.8)

$$s_k = s_1 - K_{n1} * \frac{s_2 - s_1}{K_{n2} - K_{n1}}$$

s_k kritischer Sollzinssatz
s_1 Versuchszins 1 (%), der zu einem positiven K_{n1} führt
s_2 Versuchszins 2 (%), der zu einem negativen K_{n2} führt
K_{n1} positiver Vermögensendwert auf der Basis von s_1
K_{n2} negativer Vermögensendwert auf der Basis von s_2

Die ermittelten Daten unter der Anwendung des Kontenausgleichsverbots und des Kontenausgleichsgebots, (vgl. Anlage 4) in die Formel 3.8 eingesetzt, ergeben für diese Fallsituationen folgende Sollzinssätze:

Kontenausgleichsverbot (gegeben ist ein Habenzinssatz von h = 6 %):

$$s_k \approx 8 - 3747 * \frac{9-8}{-3181-3747}$$

$$s_k \approx 8{,}540849$$

Kontenausgleichsgebot (gegeben ist ein Habenzinssatz von h = 6 %):

$$s_k \approx 10 - 2086 * \frac{11-10}{-2108-2086}$$

$$s_k \approx 10{,}49737721$$

Der prognostizierte Sollzinssatz für beide Konstellationen liegt bei 8 %, somit sind beide ermittelte kritische Sollzinssätze größer als dieser Wert und daher als absolut vorteilhaft zu bewerten.

Dies bedeutet, ein Investitionsobjekt ist absolut vorteilhaft, wenn $s_k \geq s$ ist. Bei einem Vergleich verschiedener Investitionsobjekte tritt eine relative Vorteilhaftigkeit für das Objekt A ein, wenn $s_k\ des\ Objekt\ A > s_k\ des\ Objekt\ B$ ist. Eine Investition sollte bei einem niedrigeren kritischen Sollzinssatz als dem Sollzinssatz $s_k < s$ nicht durchgeführt werden.

Bei der Verfahrensbeurteilung ist auf die Methode des internen Zinsfußes und dessen Aussagen zu verweisen (vgl. Kapitel 3.2.3).

3.2.7 Methode des vollständigen Finanzplanes (VOFI)

Die Methode des vollständigen Finanzplanes, kurz VOFI-Methode, dient ebenfalls der Ermittlung des Vermögensendwerts. Das Grundkonzept basiert auf den Ideen von *Heister*, welches von *Grob* weiterentwickelt wurde (vgl. Götze 2008: 119). Der Unterschied zur klassischen Vermögensendwertmethode ist, dass neben den Zahlungsströmen des Investitionsobjekts, die Zahlungsströme aus den zugehörigen Finanzierungs- und Anlageentscheidungen ihre Berücksichtigung finden (vgl. Becker 2012: 75). Sollten die Optionen dieser Methode nicht genutzt werden, ist zu erwähnen, dass sie das gleiche Ergebnis wie die Vermögensendwertmethode hervorbringt.

Diese komplexen Informationen werden bei der VOFI-Methode in einer tabellarischen Form dargestellt. In Abb. 7 wird diese Darstellungsform anhand der Basisdaten aus Tab. 1 präsentiert und berechnet.

	B	C	D	E	F	G	H
1	**Vollständiger Finanzplan (VOFI)**						
2	**Zeitpunkt t**	t=0	t=1	t=2	t=3	t=4	t=5
3	**Zahlungsfolge der Investition**	- 100.000 €	24.400 €	27.300 €	30.270 €	27.500 €	24.200 €
4	**Eigenkapital**						
5	Anfangsbestand	- €					
6	-Entnahme						
7	+Einlage						
20	**4) Konto-Korrentkredit**	Zinssatz=	0,08				
21	+Aufnahme	100.000 €	- €	- €	- €	- €	- €
22	-Tilgung	- €	18.200 €	20.378 €	22.678 €	22.200 €	16.544 €
23	-Sollzinsen	- €	8.000 €	6.544 €	4.914 €	3.100 €	1.323 €
24	**Standard-Anlage**	Zinssatz=	0,06				
25	-Anlage	- €	- €	- €	0 €	- €	4.895 €
26	+Auflösung						
27	+Habenszinsen		- €	- €	- €	- €	- €
28	**Steuerzahlungen *2)**						
29	-Auszahlung		- €	378 €	2.678 €	2.200 €	1.438 €
30	+Erstattung		1.800 €	- €	- €	- €	- €
31	**Finanzierungssaldo**						
32	**Bestandsgrößen**						
33	1) Kredit mit Ratentilgung						
34	2) Kredit mit Endtilgung						
35	3) Kredit mit Annuitätentilgung						
36	4) Kontokorrent-Kreditstand	100.000 €	81.800 €	61.422 €	38.744 €	16.544 €	- €
37	Guthabenstand	- €	- €	- €	0 €	0 €	4.895 €
38	**Bestandssaldo**	- 100.000 €	- 81.800 €	- 61.422 €	- 38.744 €	- 16.544 €	4.895 €

Abbildung 7: Tabellarische Darstellung der VOFI-Methode
Quelle: Anlehnung an (Grob 2006: 124)

In Zeile 3 sind die Zahlungsströme, die direkt mit dem Investitionsobjekt zusammenhängen, aufgelistet. Die Zeilen 4-7 beschreiben die Eigenkapitalsituation des Fallbeispiels. In diesem Fall existiert kein Eigenkapital seitens des Investors. Die Konditionsvielfalt einer Fremdfinanzierung ist in diesem Fall von Zeile 8-23 platziert. Für das Beispiel wird in diesem Fall ein Kontokorrentkredit benötigt. Andere Alternativen wären z.B. Kredite mit Raten-, End- und Annuitätentilgung. Diese sind aus Gründen der Übersichtlichkeit an dieser Stelle (Zeilen 8-19 in Abb. 7) ausgeblendet worden. Der Sollzinssatz von 8 % ist der Zelle D20 zu entnehmen.

Eine Reinvestition des möglichen Guthabens zu einem Habenzinssatz von 6 % (D24) wird in den Zeilen 24-27 erläutert. Da bei den gegebenen Werten nach Ablauf der Nutzungsdauer ein Guthaben entsteht, tritt kein Guthabenzins auf.

Eine weitere Eigenschaft dieser Methode wird in den Zeilen 28-30 beschrieben. Es handelt sich dabei um die möglichen Auswirkungen von Ertragssteuern, die durch Zusatzrechnungen, wie Abb. 8 zu entnehmen ist, mit in dieses Schema einbezogen werden können. Die Betrachtung der steuerlichen Auswirkungen kann bei allen vorangegangen Methoden ebenfalls mit berücksichtigt werden, soll aber nur kurz an dieser Stelle erwähnt werden, da es im weiteren Verlauf dieses Fachbuches nicht im Fokus der empirischen Untersuchungen steht.

	B	C	D	E	F	G	H
40	Nebenrechnung zur Berechnung der Abschreibungen (Lineare Methode)						
41	Laufzeit in J	5	Linear	0,2			
42	Zeitpunkt t		t=0	t=1	t=2	t=3	t=4	t=5
43	Buchwert zum Beginn des Jahres			100.000 €	80.000 €	60.000 €	40.000 €	20.000 €
44	- Abschreibung (20 %)			20.000 €	20.000 €	20.000 €	20.000 €	20.000 €
45	Buchwert zum Ende des Jahres			80.000 €	60.000 €	40.000 €	20.000 €	- €
47	Objekt wird linear über **5 Jahre** abgeschrieben						
49	*2) Nebenrechnung zur Berechnung der Ertragsteuer						
50	Ertragsteuersatz =	50,00%					
52	Zeitpunkt t		t=0	t=1	t=2	t=3	t=4	t=5
53	Ertragssteuermultiplikator			50%	50%	50%	50%	50%
54	Ertragsüberschuss			24.400 €	27.300 €	30.270 €	27.500 €	24.200 €
55	-Abschreibung			20.000 €	20.000 €	20.000 €	20.000 €	20.000 €
56	-Zinsaufwand			8.000 €	6.544 €	4.914 €	3.100 €	1.323 €
57	+Zinsertrag			- €	- €	- €	- €	- €
58	Steuerbemessungsgrundlage			3.600 €	756 €	5.356 €	4.400 €	2.877 €
59	Auszahlung			- €	378 €	2.678 €	2.200 €	1.438 €
60	Erstattung			1.800 €	- €	- €	- €	- €

Abbildung 8: Nebenrechnung zur Ermittlung der Ertragssteuer
Quelle: Anlehnung an (Grob 2006: 310)

Grob beschreibt die Entscheidungsrelevanz von Ertragssteuern in seinem Werk „Einführung in die Investitionsrechnung". Zur Ermittlung des Ertragssteuersatzes sind folgende Steuern relevant: Einkommenssteuersatz, Kirchensteuersatz, Gewerbesteuersatz, Solidaritätszuschlagsatz, Steuermesszahl und Hebesteuersatz (vgl. Grob 2006: 293ff.). Zur einfacheren Berechnung wird von einem Ertragssteuersatz von 50 % und einer linearen Abschreibung über 5 Jahre ausgegangen. Diese hat zur Folge, dass es in t=1 zu einer Steuererstattung in Höhe von 1.800 € und in den folgenden Jahren zu einer Steuerbelastung kommt, da der Ertragsüberschuss nach Abzug der Abschreibungen und Zinsaufwände positiv ausfällt.

Als Gesamtergebnis der VOFI-Berechnung, kommt es zu einem Bestandssaldo in Höhe von 4.895 €, der als absolut vorteilhaft einzustufen ist. In diesem Beispiel gibt es keine Opportunität als Vergleichswert. Sollte es eine geben, ist die Investition als absolut vorteilhaft zu bewerten, wenn der ermittelte Wert größer als die Opportunität ist.

Dies bedeutet, ein Investitionsobjekt ist absolut vorteilhaft, wenn der **Endwert ≥ 0** oder **Endwert ≥ Opportunit**ät ist. Bei einem Vergleich verschiedener Investitionsobjekte tritt eine relative Vorteilhaftigkeit für das Objekt A ein, wenn der **Endwert des Objekt A > Endwert des Objekt B** ist. Eine Investition sollte bei einem negativen **Endwert < 0** nicht durchgeführt werden.

Neben dem Endwert ist die Rendite eine Zielgröße des vollständigen Finanzplanes. Diese gibt Auskunft über die Verzinsung des Eigenkapitals und lässt sich durch folgende Formel berechnen: (3.9)

$$i_{VOFI} = \sqrt[n]{\frac{K_n}{EK}} - 1$$

EK Eigenkapital
i_{VOFI} VOFI-Rendite

Die ermittelte Rendite sollte mindestens so hoch sein wie der Habenzinssatz, damit die Investition als vorteilhaft bewertet werden kann (vgl. Becker 2012: 75).

Für das gewählte Beispiel lässt sich diese Formel nicht anwenden, da von einer vollständigen Fremdfinanzierung bei der Investition ausgegangen wird.

Verfahrensbeurteilung

Die Grundeigenschaften der tabellarisch aufgebauten VOFI-Methode stimmen in vielen Punkten mit den bereits vorgestellten Methoden überein. Bei der VOFI-Methode besteht eine Wahlmöglichkeit zwischen den Zielgrößen, die zur Beurteilung dienen. Aufgrund der Betrachtung der einzelnen Perioden existiert die Möglichkeit zu entscheiden, ob die etwaigen Überschüsse angelegt oder zur Tilgung der Kredite verwendet werden sollten.

Die kurzfristigen liquiden Mittel werden im eintretenden Fall zum Habenzinssatz angelegt und nicht etwa, wie bei der Kapitalwertmethode, zum Kalkulationszinssatz. Diese Option stellt einen Vorteil gegenüber den anderen Methoden in puncto Transparenz dar (vgl. Götze 2008: 127f.). Dies bedeutet zugleich, dass bei der VOFI-Methode nicht von einem vollkommenen Markt ausgegangen wird, sondern von einem unvollkommenen. Wie schon bei der Vermögensendwertmethode wird nicht von einem einheitlichen Kalkulationszinssatz ausgegangen, sondern es werden Marktzinssätze verwendet, die aus der Konditionsvielfalt auf dem Finanzierungssektor resultieren. Ebenfalls werden verschiedene Konditionen bei der Fremdfinanzierung berücksichtigt und können je nach Periode angepasst werden. Dies spiegelt eine der Charaktereigenschaften dieser Methode wieder. Zum einen die Ausbaufähigkeit dieses Verfahrens, aber zum anderen dessen Einfachheit, da auf jegliche Dis- und Askontierung verzichtet werden kann (vgl. Grob 2006: 105). Durch die Abweichung von den Modellannahmen lassen sich tatsächliche Marktgeschehen deutlich realistischer abbilden, wenn die entsprechenden Maßnahmen den einzelnen Perioden und Überschüssen zugeordnet werden können.

Bezogen auf den Rechenaufwand dieser Methode lässt sich festhalten, dass dieser vom Schwierigkeitsgrad relativ einfach ist, da es keiner komplexen Formeln bedarf. Es wird allerdings ein erhöhter Aufwand für die tabellarischen Grundlagen benötigt, um die VOFI-Methode anzuwenden.

Bei der Datenermittlung ist in Frage zu stellen, ob eine Prognose über die verschiedenen Finanzierungkonditionen so präzise möglich ist, wie es die Methode darstellt. Zusätzlich setzt dies einen höheren Rechercheaufwand voraus, da die aktuellen Marktkonditionen ermittelt und eine Zukunftstendenz entwickelt werden müssen.

3.2.8 Zusammenfassung der dynamischen Methoden

In Kapitel 3.2 wurden die Verfahren der dynamischen Investitionsrechnung definiert, deren mathematische Grundlagen vorgestellt sowie ihre möglichen Anwendungen in der Praxis aufgezeigt. Abschließend wurde jedes einzelne Verfahren unter den Hauptpunkten: Datenbeschaffung, Rechenaufwand und Modellannahme beurteilt.

Zuerst wurden die Verfahren mit dem einheitlichen Kalkulationszinssatz erläutert. Diese Methoden sind in der Literatur und in der Praxis die bekanntesten Verfahren. Über die Akzeptanz der Verfahren in der Praxis hat die „Dr. Acél & Partner AG" eine Umfrage bei schweizer Unternehmen mit einer Mitarbeiterzahl von 1 bis >250 gemacht. Bei dieser Umfrage wurden 70 Unternehmen befragt, von denen 43 Vertreter eine Rückmeldung auf die Onlinebefragung gegeben haben. Die Unternehmen stammten aus verschiedenen Branchen, von der Holz-, Papier-, Metall- bis hin zur Textilindustrie. Da in Kapitel Fünf ein Küchenmöbelproduzent als Beispiel-Unternehmen betrachtet wird, ist zu erwähnen, dass bei der Befragung 5 % der befragten Unternehmen aus der Holz-, Papier- und Möbelindustrie stammen.

In Abb. 9 kann entnommen werden, dass die Kapitalwertmethode in der Praxis mit 68 % jene Methode ist, die von den Unternehmen als „Muss" oder „Optionales" Verfahren angewendet wird. Die dynamische Amortisationsmethode, in dieser Studie „Dynamische Payback" genannt, folgt mit 66 %. Dieser Wert soll laut Studie jedoch in Zweifel gestellt werden, da die Befragten dieses wahrscheinlich mit der statischen Amortisationsrechnung verwechselt haben (vgl. Imiger 2009: 12).

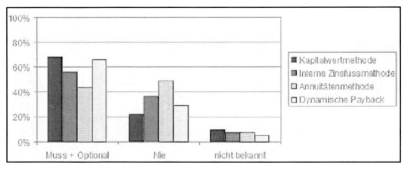

Abbildung 9: Anwendungshäufigkeit der dynamischen Methoden
Quelle: (Imiger 2009: 12)

Zusätzlich lässt sich feststellen, dass die Methoden in der Praxis relativ ausgewogen verteilt sind, was darin begründet liegt, dass in dieser Befragung nicht auf die dynamischen Methoden mit unterschiedlichen Kalkulationszinssätzen eingegangen wird. Es ist aber davon auszugehen, dass diese in der Praxis weniger angewendet werden. Diese Schlussfolgerung kann gezogen werden, wenn das Verhältnis von den statischen zu den dynamischen Verfahren in dieser Studie betrachtet wird. Statische Methoden, wie die Kostenvergleichsrechnung, werden mit mehr als 80 % bei der vergleichbaren Fragestellung in Abb. 9 genannt (vgl. Imiger 2009: 12). Dieses spiegelt deren Präsenz in der Theorie wieder. Dies wandelt sich aber in den letzten Jahren zunehmend, beispielhaft hierfür ist *Lutz Kruschwitz*, der die statischen Methoden ab seiner 13. Auflage „Investitionsrechnung" nicht mehr erwähnt.

Für die dynamischen Methoden wurden folgende Eigenschaften in der theoretischen Betrachtung herausgearbeitet:

- Zielgröße
- Formel
- Excel Basis
- Vorteilhaftigkeit (Schwerpunkt basiert auf der absoluten Vorteilhaftigkeit)
- Kalkulationszinssatz
- Modellannahme
- Rechenaufwand
- Datenermittlung

Einen kompakten Überblick über diese Eigenschaften bietet Anlage 5. Dort werden die entscheidenden Punkte, die für die empirische Untersuchung (Kapitel Fünf) relevant sind, dargestellt.

Bei der Betrachtung der dynamischen Investitionsmethoden wurde auf den Einfluss durch Steuern nicht eingegangen. Ausschließlich bei der VOFI-Methode ist ein Ausblick auf den möglichen Einfluss von Steuern bei einer Investition getätigt worden. Bei der folgenden empirischen Analyse der Methoden wird auf den Punkt der Steuern verzichtet, da dieser nur eine weitere Variable darstellt, die zur Annäherung an die Praxis dient, aber die Entscheidung, welche Methode die geeignetste ist, nicht wesentlich beeinflusst.

4 Berücksichtigung von Ungewissheit

Investitionsentscheidungen beruhen in den meisten Fällen auf mehr oder weniger subjektiven Zukunftsprognosen. Diese Werte können von den tatsächlichen Ergebnissen abweichen. Somit bergen Investitionsentscheidungen eine gewisse Unsicherheit, die bei der Betrachtung der Methoden nicht außer Acht gelassen werden dürfen (vgl. Däumler, Grabe 2010: 103).

Werden die Basisdaten aus Tab. 1 zugrunde gelegt, ist die sichere Zahlung die Anschaffungszahlung zu Beginn der Investition. Die anderen Werte liegen in der Zukunft und bergen dadurch eine gewisse Unsicherheit. Die Einzahlungsüberschüsse können von sehr vielen Faktoren, wie beispielsweise konjunkturelle Entwicklungen, Wandlung der Bedürfnisse der Kunden, technischen Fortschritt oder durch viele weitere Aspekte beeinflusst werden (vgl. Messner, Wala 2005: 7).

Die Ungewissheit lässt sich nicht vermeiden, es gibt jedoch Methoden, die diese quantitativ erfassen und sichtbar machen. Zu diesen zählen unter anderem folgende Verfahren:

- Ermittlung des wahrscheinlichsten Wertes
- Korrekturverfahren
- Entscheidungsbaumverfahren
- Risikoanalyse
- Amortisationsrechnung
- Sensibilitätsanalyse

An dieser Stelle soll ausschließlich das in der Praxis meist akzeptierte und angewandte Verfahren betrachtet werden: die Sensibilitätsanalyse. Laut *Däumler* und *Grabe* berücksichtigen 64 % der deutschen Großunternehmen diese Analyse zur Absicherung ihrer Investitionsentscheidungen (vgl. Däumler, Grabe 2010: 113).

Eine Sensibilitätsanalyse ergänzt die Investitionsrechnung und stellt nicht etwa eine Alternative dar. Mit ihrer Hilfe sollen Zusammenhänge zwischen den prognostizierten Input-Werten (z.B. Nutzungsdauer, Einzahlungsüberschüsse, Kalkulationszinssätze) und den Zielgrößen der Verfahren (z.B. Kapitalwert) aufgedeckt werden.

Dieser Zusammenhang kann anhand zweier Fragestellungen geklärt werden, die wie folgt lauten können:

1) Um wie viel (z.B. € oder %) darf sich ein Input-Wert ändern, ohne dass eine Zielgröße einen vorgegebenen Wert über- oder unterschreitet?
2) Wie verändert sich die Zielgröße bei einer definierten Abweichung einer oder mehrerer Inputgrößen vom ursprünglichen Wertansatz?

Die erste Fragestellung wird als „Verfahren der kritischen Werte" und die Zweite als „Zielgrößen-Änderungsrechnung" bezeichnet (vgl. Blohm et al. 2012: 230).

Der bekannteste kritische Wert der Investitionsrechnung wurde schon in Kapitel 3.2.3 erläutert. Der interne Zinsfuß ist bei einem vollkommenen Kapitalmarkt im Sinne der Sensibilitätsanalyse ein sogenannter kritischer Wert. Er gibt an, wie weit der Kalkulationszins (i) maximal steigen darf, ohne dass die Investition unvorteilhaft wird (vgl. Hering 2008: 310f.).

Neben diesen beiden Formen der Sensibilitätsanalyse existiert noch die „Dreifach-Rechnung", bei der drei verschiedene Zukunftsszenarien unter Zugrundelegung einer optimistischen, wahrscheinlichen und pessimistischen Datenkonstellation betrachtet werden (vgl. Däumler, Grabe 2010: 113).

Durch die Berücksichtigung der Ungewissheit bei einer Investitionsentscheidung, kann der Investor sein Risiko abermals reduzieren, daher sollte eine Sensibilitätsanalyse oder ein anderes Verfahren im Anschluss einer Investitionsrechnung grundsätzlich folgen.

Welche Methode angewendet wird, hängt primär mit dem Ungewissheitsgrad der Inputdaten zusammen. Bei sicheren Erwartungen (z.B. Ersatzinvestition), kann in gewissen Fällen, auf eine umfassende Berücksichtigung der Ungewissheit verzichtet werden. Bei unsicheren Erwartungen, die es beispielsweise bei einer Neuinvestition gibt, bei der nicht auf Vergangenheitswerte zurückgegriffen werden kann, sollte sich das Unternehmen, neben der Investitionsrechnung, ergänzend mit der Berücksichtigung der Ungewissheit befassen.

5 Empirische Untersuchung

Die empirische Untersuchung am gewählten Beispiel, des Investitionsvorhabens beim mittelständigen Küchenmöbelherstellers K-Küchen, findet im Anschluss des abgeschlossenen Screening und Scoring statt, so wie von *Olfert* beschrieben (vgl. Olfert 2012: 328). Ein Projektteam hat im ersten Schritt (Screening) mögliche Projektvorschläge sondiert und somit die Anzahl potenzieller Alternativen reduziert. Nach dieser Marktsondierung standen sich zwei Alternativen in der Nutzwertanalyse gegenüber und wurden hauptsächlich nach technischen Bewertungskriterien geprüft. Bei dieser Analyse hat sich die Verpackungsmaschine des Typs „BETA", wie sie in Kapitel Zwei beschrieben ist, durchgesetzt.

Die anstehende Untersuchung der dynamischen Investitionsmethoden hat das Ziel, die geeignetste Methode für diese Fallsituation zu finden, mit der das Unternehmen die absolute Vorteilhaftigkeit des geplanten Investitionsobjekts bestmöglich beurteilen kann.

<u>Vorgehensweise</u>

Die sieben dynamischen Investitionsrechnungsmethoden werden nachfolgend anhand der ermittelten Basisdaten unter den in Tab. 5 genannten Kriterien nach einer Intervallskalierung betrachtet und bewertet. Die Intervall Punkte sind von 1 (sehr schlecht / sehr negativ) bis 5 (sehr gut / sehr positiv) bestimmt worden.

Tabelle 5: Bewertungskriterien der Investitionsmodelle
Quelle: Eigene Darstellung

K.1	Geringer Rechenaufwand (ohne Excel)
K.2	Gute Umsetzungsmöglichkeit in Excel
K.3	Leichte Anwendung
K.4	Geringer Aufwand bei der Datenermittlung
K.5	Möglichst wenig Daten zur Berechnung
K.6	Hohe Sicherheit der ermittelten Daten
K.7	Geringe zusätzliche Belastung der personellen Ressourcen
K.8	Hohe Praxisnähe, trotz Modellannahmen
K.9	Präzise Aussagekraft der Zielgröße

Diese Daten werden im Anschluss in einer Nutzwertanalyse ausgewertet. Die Nutzwertanalyse wird einen entscheidenden Einfluss auf die Empfehlung der passenden Methode für diese Fallsituation haben.

5.1 Beschreibung der IST-Situation

Unternehmensvorstellung

Bei K-Küchen handelt es sich um einen mittelständigen Küchenmöbelhersteller aus Deutschland. Aktuell beschäftigt K-Küchen an einem zentralen Standort ca. 140 Mitarbeiter und fertigt auf 15.000 m² Produktionsfläche jährlich rund 6.700 Küchen, dies entspricht 84.164 Verpackungseinheiten (Unter-, Hänge-, Seitenschränke, Plattenmaterial). Im Jahr 2012 führte dies zu einem Gesamtumsatz von ca. 20,1 Mio. €, von denen etwa 55 % im Ausland erwirtschaftet wurden.

Der Anstoß zu diesem Projekt hat drei Hauptursachen. Zum einem hat die Reklamationsquote bei Beschädigungen und insbesondere Transportbeschädigungen in den letzten zwölf Monaten eine negative Entwicklung genommen, was an dem steigenden Exportanteil liegt und den damit verbundenen längeren Transportwegen, bei der die aktuell genutzte Verpackung Schwächen aufweist.

Zum anderen liegt eine weitere Ursache in der Variantenvielfalt der Korpusmaße. Aktuell setzt K-Küchen konfektionierte Verpackungen ein, die nach einer Erweiterung des Produktsortiments vor 2 Jahren nur noch ca. 80 % der Korpusmaße und –formen abdeckt. Dieser Umstand führt dazu, dass bei den verbleibenden Korpussen zusätzliche Verpackungen manuell zugeschnitten werden müssen und sich somit die Verpackungszeit dieser betroffenen Packstücke erhöht.

Die dritte Ursache ist die Kostensituation. Mit jährlichen ca. 190.000 € nehmen die Verpackungskosten eine relativ bedeutende Position ein, an der es zukünftig Einsparungen geben muss.

In Anbetracht der drei angeführten Ursachen wurde ein Projektteam gegründet, welches aus dem Produktionsleiter, dem Abteilungsleiter der Korpus Fertigung, dem Controlling-Leiter und dem Qualitätsbeauftragten besteht.

Datenermittlung

Die Datenbeschaffung stellt bei K-Küchen eine größere Hürde dar, weil eine notwendige Informationsbasis und eine Möglichkeit der zeitnahen Auswertung nicht generell gegeben sind. Auswertungen werden über eine intern programmierte Software bereitgestellt. Diese deckt jedoch nicht sämtliche Anforderungen des Projekts ab und ist somit nur teilweise geeignet. Sämtliche projektbezogenen Auswertungen, wie z.B. die Bedarfsermittlung der benötigten Verpackungsmaterialien oder die Kostenanalyse, müssen separat programmiert oder gegebenenfalls manuell ermittelt werden. Dieser Umstand bedeutet eine erhöhte Belastung der personellen Ressourcen, daher ist bei der Auswahl einer geeigneten Methode auf die Anzahl der benötigen Daten verstärkt zu achten.

Basisdaten für die empirische Betrachtung

Für die anschließende Anwendung der Investitionsmodelle werden, wie im theoretischen Teil und in Tab. 1 dargestellt, verschiedene Daten benötigt. Deren detaillierte Ermittlung kann unter anderem Anlage 6 entnommen werden. Zu den benötigten Daten gehören folgende Punkte:

Die **Anschaffungskosten** in Höhe von ca. **273.450 €** für das Gesamtprojekt bestehen aus der Verpackungsmaschine „BETA", der Fördertechnik sowie den baulichen Maßnahmen.

Die **Nutzungsdauer** der Verpackungsmaschine ist laut AfA-Tabelle mit geschätzten **13 Jahren** angesetzt und bildet damit die Basis für die reguläre Abschreibung (vgl. AfA o.J.). Da die tatsächliche Nutzungsdauer einer Investition von rechtlichen, wirtschaftlichen und technischen Dingen abhängt, wird bei der Betrachtung des Investitionsvorhabens eine Nutzungsdauer von 6 Jahren angenommen (vgl. Bieg, Kußmaul 2009: 135). Durch diese passive Herangehensweise wird vermieden, dass zukünftige Wartung und Investition oder neue Anforderungen in der Branche bezüglich der Verpackung die Ergebnisbetrachtung negativ verändern.

Ein möglicher **Liquiditätserlös** am Ende der Nutzungsdauer wird nicht in Betracht gezogen, um das Fehlinvestitionsrisiko zu minimieren.

Bei der Festlegung des **Kalkulationszinssatzes** muss der Sollzinssatz betrachtet werden, bei der die Investition ausschließlich fremdfinanziert werden soll, um die Liquidität nicht zusätzlich zu schwächen, da kein freies Eigenkapital zum Zeitpunkt der Investition vorhanden ist. Laut eines Kreditangebots (siehe Anlage 7) einer Volksbank, liegt der Marktsollzinssatz bei einer Investition dieses Umfangs und einer Laufzeit von 6 Jahren aktuell bei 3,85 %. Der effektive Jahreszinssatz beträgt 4,30 %. Für die anschließende Berechnung wird mit dem effektiven Jahreszinssatz gerechnet.

Für die Sollzinssatzmethode ist es notwendig, dass ebenfalls ein Habenzinssatz ermittelt wird. Dieser wird nach Gesprächen mit der Volksbank, für dieses Beispiel auf 2,30 % festgelegt.

Die Einzahlungsüberschüsse der nächsten 6 Jahre zu prognostizieren, stellt für viele Unternehmen das größte Risiko dar. Bei der betrachteten Verpackungsmaschine ist es nicht der Erlös von Erzeugnissen, der für eine Einzahlung steht, sondern mehr die Einsparung im Vergleich zu der IST-Verpackungssituation. Diese Berechnung ist Anlage 6 zu entnehmen, bei der die geplante Anzahl der produzierten Korpusse in den nächsten Jahren und die inflationäre Entwicklung der Verpackungspreise betrachtet werden. Zudem ist eine Reduzierung des Personals, ab t = 2, eine Folge der Installation der Maschine. Im ersten Jahr werden noch keine Mitarbeiter frei gesetzt werden können, da anfänglich noch mit Startschwierigkeiten zu rechnen ist. Ein weiterer monetärer Faktor ist die zu erwartende Reduzierung der Reklamationskosten aufgrund von sinkenden Transportschäden, die mit 20.000 € pro Jahr prognostiziert werden.

Die Auszahlungen für die Nutzung der „BETA" beinhalten vor allem den steigenden Strombedarf, einen Wartungs- und Servicevertrag und Betriebsmittel, die für die Verpackungsmaschine notwendig sind. Eine Auflistung der zu erwartenden Auszahlungen ist ebenfalls Anlage 6 zu entnehmen. Diese beiden Auflistungen ergeben folgende EZÜ für die angesetzten 6 Jahre der Nutzungsdauer:

$t = 0 \rightarrow$ -273.450 €; $t = 1 \rightarrow$ 23.424 €; $t = 2 \rightarrow$ 77.930 €; $t = 3 \rightarrow$ 72.568 €; $t = 4 \rightarrow$ 74.280 €; $t = 5 \rightarrow$ 75.961 €; $t = 6 \rightarrow$ 77.609 €

In Tab. 6 sind die Daten zur empirischen Untersuchung kompakt zusammengefasst.

Tabelle 6: Basisdaten für die empirische Untersuchung
Quelle: Eigene Darstellung

Daten	Werte	Daten	Werte
Anschaffungsauszahlung (in €)	273.450	EZÜ in t=1 (in €)	23.424
Nutzungsdauer (in Jahre)	6	EZÜ in t=2 (in €)	77.930
Liquidationserlös (in €)	0	EZÜ in t=3 (in €)	72.568
Kalkulationszinssatz (in %)	4,30	EZÜ in t=4 (in €)	74.280
Eigenkapital (in €)	0	EZÜ in t=5 (in €)	75.961
		EZÜ in t=6 (in €)	77.609

Dies dient dazu in den folgenden Kapiteln, in denen die dynamischen Investitionsrechnungsmethoden betrachtet werden, das für diese Fallsituation geeignetste Hilfsinstrument zur Entscheidungsfindung bei der Anlageinvestition zu ermitteln.

5.2 Betrachtung der Kapitalwertmethode

Die theoretische Beschreibung der Methoden hat im dritten Kapitel stattgefunden. Daher bauen die Abschnitte des fünften Kapitels auf die theoretischen Grundlagen auf. Die Kapitalwertmethode ist die erste Methode, die Anhand der festgelegten Bewertungskriterien aus Tab. 5 betrachtet wird.

Bei dieser Betrachtung soll festgestellt werden, wie praktikabel und zielführend jede einzelne Methode für die betrachtete Fallsituation ist.

K.1 - Geringer Rechenaufwand (ohne Excel):

Die Basisdaten aus Tab. 6 in die Formel 3.1 eingesetzt, ergeben folgenden Kapitalwert für das geplante Investitionsvorhaben:

$$K_o = -273450 + \frac{23424}{1,043^1} + \frac{77930}{1,043^2} + \frac{72568}{1,043^3} + \frac{74280}{1,043^4} + \frac{75961}{1,043^5} + \frac{77609}{1,043^6}$$

$$K_o = 69196$$

Es handelt sich um eine mathematisch relativ leichte Formel, die daher mit geringem Aufwand zu einem auswertbaren Ergebnis führt. Die „BETA" weist einen positiven Kapitalwert von 69.196 € auf und ist somit als absolut vorteilhaft zu bezeichnen. Sie stellt nach den Bedingungen der Kapitalwertmethode für K-Küchen eine lohnenswerte Investition dar.

K.2 - Gute Umsetzungsmöglichkeit in Excel:

Tabelle 7: Anwendung der Kapitalwertmethode in Excel
Quelle: Eigene Darstellung

Kalkulationszinssatz (i) =		0,043		
Nutzungsdauer in Jahren t	Auszahlungen A_t	Einzahlungen E_t	EZÜ $E_t - A_t$	Barwert $\frac{(E_t - A_t)}{(1+i)^t}$
0	273.450 €	- €	-273.450 €	-273.450 €
1	14.109 €	37.533 €	23.424 €	22.458 €
2	14.216 €	92.146 €	77.930 €	71.637 €
3	14.326 €	86.894 €	72.568 €	63.958 €
4	14.438 €	88.718 €	74.280 €	62.767 €
5	14.553 €	90.514 €	75.961 €	61.542 €
6	14.670 €	92.279 €	77.609 €	60.285 €
Summe:	359.762 €	488.084 €	128.322 €	**69.196 €**

Die Umsetzungsmöglichkeiten in Excel bei der Kapitalwertmethode sind mit gut zu bewerten und Tab. 7 zu entnehmen. Bei der Methode finden einfache Rechenoperationen statt, die sich in Excel ideal darstellen lassen. Zusätzlich kann durch die NBW-Formel der Kapitalwert in einer kompakten Form ermittelt werden.

K.3 - Leichte Anwendung:

Wie bereits beim Rechenaufwand und der Umsetzungsmöglichkeit in Excel ersichtlich wurde, ist die Anwendung dieser Methode für den Controlling-Leiter als Mitglied des Projektteams ohne besondere Vorkenntnisse möglich und daher sehr gut anzuwenden.

K.4 - Geringer Aufwand bei der Datenermittlung:

Die Datenermittlung selbst stellt bei K-Küchen grundsätzlich einen erhöhten Aufwand dar. Die in Anlage 6 zur Auswertung benötigten Werte, wie z.B. der Bedarf für die benötigte Endloswellpappe in m² oder die jährlichen Reklamationskosten, sind zum größten Teil durch manuelle Recherchen oder eigens hierfür programmierten Auswertungen der EDV-Abteilung ermittelt worden.

Diese Aspekte würden auf eine negative Bewertung dieses Kriteriums schließen lassen, dabei ist aber zu beachten, dass die benötigten Daten der Kapitalwertmethode zur Anwendung der weiteren dynamischen Modelle notwendig sind. Somit stellt die Kapitalwertmethode den Basisaufwand der Datenermittlung dar und kann deshalb mit gut bewertet werden. Die anderen Methoden müssen sich an dieser Stelle mit der Kapitalwertmethode vergleichen lassen.

K.5 - Möglichst wenig Daten zur Berechnung:

Das Unternehmen K-Küchen benötigt für die Kalkulation des Investitionsvorhabens anhand der dynamischen Investitionsverfahren mindestens die Basisdaten, wie sie Tabelle 6 zu entnehmen sind. Bei der Kapitalwertmethode ist es nicht notwendig, weitere Daten zu ermitteln, um die Zielgröße des Kapitalwerts zu berechnen. Diese Konstellation ist identisch zum Aufwand der Datenermittlung und erfüllt daher die Anforderung des Kriteriums möglichst wenige Daten zur Berechnung vorliegen zu haben.

K.6 - Hohe Sicherheit der ermittelten Daten:

Eine hohe Planungssicherheit bei den ermittelten Daten stellt bei K-Küchen eine besondere Herausforderung dar. In der Beschreibung der IST-Situation wurde auf diesen Aspekt eingegangen (vgl. Kapitel 5.1). Das Investitionsvorhaben der Verpackungsanlage verstärkt diese Problematik, da es sich um einen neuen Prozess innerhalb der Fertigung handelt und deren Auswirkungen ohne eigene Erfahrungswerte prognostiziert werden müssen. Die benötigten Daten in Anlage 6 zur Ermittlung der Einzahlungsüberschüsse, stellen teilweise ein erhöhtes Risiko dar. Durch die Umstellung der Verpackung erwartet das Team eine Reduzierung der Reklamationskosten, da Transportbeschädigungen durch diese vermieden werden sollen. Bei diesem Wert wurde durch das Projektteam ein Pauschalbetrag von 20.000 € pro Jahr festgelegt. Dieser Betrag ist relativ niedrig angesetzt, um die Sicherheit bei der Planung zu erhöhen. Anhand des Beispiels wird deutlich, dass bei dieser Fallsituation der Umstand von sicheren Daten nur schwer zu erfüllen ist. Der Kalkulationszinssatz (Sollzins) ist durch das Kreditangebot der Volksbank sicher und marktnah, da dieser für den gesamten Nutzungszeitraum festgelegt ist.

K.7 - Geringe zusätzliche Belastung der personellen Ressourcen:
Neben dem Projektteam werden bei der Kapitalwertmethode noch die personellen Ressourcen der EDV-Abteilung zur Ermittlung des Bedarfs der Endloswellpappe pro Jahr sowie die Mitarbeit eines Auszubildenden bei der Unterstützung der Recherchearbeiten des Controlling-Leiters benötigt.

K.8 - Hohe Praxisnähe, trotz Modellannahmen:
Bei der Auswahl der „richtigen" Investitionsrechnungsmethode ist es für K-Küchen und für viele andere Unternehmen existenziell wichtig, dass trotz zahlreicher Modellannahmen, die zur Berechnung der Zielgröße notwendig sind, wie z.B. der Annahme einer Existenz eines vollkommenen Kapitalmarktes oder eines einheitlichen Kalkulationszinssatzes, eine hohe Praxisnähe vorhanden ist (vgl. Götze 2008: 80). Durch die zahlreichen Modellannahmen kann von einer hohen Praxisnähe nicht eindeutig gesprochen werden.

K.9 - Präzise Aussagekraft der Zielgröße:
Bei der Kapitalwertmethode handelt es sich um ein Endwertmaximierungsmodell. Durch diese Form liegt der Fokus der Betrachtung auf dem Ende des Planungshorizonts. Mittels der Kapitalwertmethode erhält K-Küchen eine präzise Aussage, ob am Ende der Nutzungsdauer der Maschine eine Steigerung des Vermögens durch die Investition der Maschine erzielt werden kann. Mit der alleinigen Zielgröße des Kapitalwerts, fehlt die genauere Betrachtung der einzelnen Perioden. Dieses ist nur anhand der ermittelten Einzahlungsüberschüsse möglich. Die Aussagekraft der Kapitalwertmethode wird minimal eingeschränkt.

5.3 Betrachtung der Annuitätenmethode

Die Annuitätenmethode ist die zweite Methode, die anhand der aufgestellten Kriterien, die für K-Küchen und das Investitionsvorhaben von Bedeutung sind, betrachtet wird. Sie selbst, die Methode des internen Zinsfußes und die dynamische Amortisationsrechnung, sind Untervarianten der Kapitalwertmethode. Daher wird bei einigen der betrachteten Kriterien auf die Kapitalwertmethode verwiesen, dies kann folglich zu Überschneidungen bei den Bewertungen führen.

<u>K.1 - Geringer Rechenaufwand (ohne Excel):</u>

Die Formel 3.3 zur Berechnung der Annuität setzt, im Gegensatz zur Kapitalwertformel, den bereits ermittelten Kapitalwert voraus. Dies stellt einen zusätzlichen Aufwand dar. Nach diesem Schritt ergeben die eingesetzten Werte folgende Annuität:

$$An = 69196 * \frac{(1+0{,}043)^6 * 0{,}043}{(1+0{,}043)^6 - 1}$$

$$An = 13329$$

Ein gleichbleibender Periodenüberschuss von 13.329 € besagt zwangsläufig eine absolute Vorteilhaftigkeit der Verpackungsmaschine. Der vorab zu ermittelnde Kapitalwert erhöht den notwendigen Rechenaufwand der Annuitätenmethode.

<u>K.2 - Gute Umsetzungsmöglichkeit in Excel:</u>

Die Annuitätenmethode lässt sich vom Projektteam ideal in Excel darstellen. Neben der umfangreichen tabellarischen Form, wie es in Anlage 8 praktiziert worden ist, stellt die RMZ-Funktion eine kompakte und leicht anwendbare Form dar die Annuität zu ermitteln.

<u>K.3 - Leichte Anwendung:</u>

Im Vergleich zur Kapitalwertmethode stellt die Annuitätenmethode größere Anforderungen an den Anwender (Controlling-Leiter). Zunächst muss der Kapitalwert berechnet werden. Außerdem werden z.B. zu den Umsetzungen in Excel bei der tabellarischen Darstellung Kenntnisse der „Zielwertsuche" benötigt, um das Ergebnis zu ermitteln.

K.4 - Geringer Aufwand bei der Datenermittlung:

Der Aufwand bei der Datenermittlung ist bei der Annuitätenmethode höher als bei der Kapitalwertmethode, da der Kapitalwert zusätzlich ermittelt werden muss.

K.5 - Möglichst wenig Daten zur Berechnung:

Wie schon bei den beiden Kriterien zuvor stellt der zusätzlich zu ermittelnde Kapitalwert einen weiteren Datensatz dar, der durch das Projektteam ermittelt werden muss. Ansonsten werden die Basisdaten aus Tab. 6 zur Berechnung benötigt.

K.6 - Hohe Sicherheit der ermittelten Daten:

Die Unsicherheit, die das Ergebnis der Zielgröße Kapitalwert beinhaltet, wird durch dessen Verwendung auf die Annuitätenmethode übertragen. Durch die zusätzliche Ermittlung der Annuität wird das Ergebnis erneut bestätigt.

K.7 - Geringe zusätzliche Belastung der personellen Ressourcen:

Die Anwendung der Annuitätenformel stellt für die personellen Ressourcen keinen zusätzlichen Aufwand dar.

K.8 - Hohe Praxisnähe, trotz Modellannahmen:

Das Verfahren der Annuitätenmethode ist eine Untervariante der Kapitalwertmethode. Dieser Umstand ermöglicht es an dieser Stelle auf die Ausführungen zu diesem Kriterium der Kapitalwertmethode zu verweisen (vgl. Kapitel 5.2).

K.9 - Präzise Aussagekraft der Zielgröße:

Durch die Konstellation, dass die Annuität der „BETA" mittels des Kapitalwerts berechnet werden kann, wird die Aussagekraft des Kapitalwerts durch die Annuität verstärkt, da sie den Periodenerfolg der Investition aufzeigt.

5.4 Betrachtung der Methode des internen Zinsfußes

Das Projektteam von K-Küchen hat bei seinen Recherchearbeiten zur Ermittlung des Kalkulationszins das in Anlage 7 zu sehende Finanzierungskonzept der Volksbank erhalten, welches einen effektiven Sollzinssatz von 4,3 % aufweist. Dieser Zinssatz bildet die Basis für den Kalkulationszinssatz. Mit der Methode des internen Zinsfußes kann das Projektteam ermitteln, welcher Zinssatz dazu führt, dass der Kapitalwert 0 € erreicht. Durch diese Berechnung könnten andere Kreditangebote im Vorfeld ausgeschlossen werden, da bei einem zu hohen Sollzinssatz der Kapitalwert negativ ausfallen könnte und somit die Investition der Verpackungsmaschine als unvorteilhaft eingestuft würde.

K.1 - Geringer Rechenaufwand (ohne Excel):

Bei der Berechnung des internen Zinsfußes benötigt der Anwender die „Regula-Falsi"-Gleichung. Bei diesem Näherungsverfahren ist es notwendig zwei Versuchszinsen zu bestimmen, die möglichst nahe am IZF liegen. Für ein genaues Ergebnis muss dieses Verfahren mehrmals angewendet werden.

K.2 - Gute Umsetzungsmöglichkeit in Excel:

Die Umsetzungsmöglichkeiten in Excel sind für diese Methode, im Vergleich zur „Regula-Falsi"-Gleichung, viel besser. Durch die IKV-Formel wird der Arbeitsaufwand reduziert. Für die Ermittlung des internen Zinsfußes ist lediglich die Summe aller Einzahlungsüberschüsse notwendig. Bei den vorliegenden Daten des Investitionsvorhabens liegt der interne Zinsfuß bei 10,9394280883756 %.

K.3 - Leichte Anwendung:

Mit den gegebenen Möglichkeiten der IKV-Formel in Excel ist die Anwendung der internen Zinsfuß-Methode sehr leicht umzusetzen. Die Einzahlungsüberschüsse pro Periode sind in der Vorbereitung, zur Erstellung von Tab. 6, bereits ermittelt worden, so dass diese anschließend summiert werden müssen, um den IZF zu berechnen.

K.4 - Geringer Aufwand bei der Datenermittlung:

Anders als bei der Annuitätenmethode oder der folgenden dynamischen Amortisationsrechnung, wird zur Berechnung des internen Zinsfußes der Kapitalwert des Investitionsvorhabens nicht benötigt. Dies bedeutet, dass es keinen zusätzlichen Aufwand bei der Datenermittlung gibt.

K.5 - Möglichst wenig Daten zur Berechnung:

Bei der Methode des internen Zinsfußes werden nur die Einzahlungsüberschüsse der einzelnen Perioden benötigt. Selbst der Kalkulationszinssatz findet keine, unmittelbare Verwendung bei der Berechnung. Dieser dient folgend dem Vergleich beider Zinssätze, um das Ergebnis besser interpretieren zu können.

K.6 - Hohe Sicherheit der ermittelten Daten:

Bei der Sicherheit der Daten kann auf die Ausführung der Kapitalwertmethode verwiesen werden. Der durch das Kreditangebot der Volksbank prognostizierte Kalkulationszinssatz, der ohnehin schon als sehr sicher eingestuft wurde, wird zudem nicht benötigt.

K.7 - Geringe zusätzliche Belastung der personellen Ressourcen:

Die personellen Ressourcen werden bei der Methode des internen Zinsfußes nicht zusätzlich belastet.

K.8 - Hohe Praxisnähe, trotz Modellannahmen:

Die Praxisnähe steht bei dieser Methode nicht primär im Vordergrund. Zwar wird bei dieser Methode ein vollkommener Kapitalmarkt vorausgesetzt, allerdings liegt der einheitliche Kalkulationszinssatz nicht im Fokus der Betrachtung. Dieser Umstand kann positiv gewertet werden, weil somit eine Variable weniger in die Prognose mit einbezogen wird.

K.9 - Präzise Aussagekraft der Zielgröße:

Dem internen Zinsfuß, als alleinige Zielgröße, fehlt es an Aussagekraft. Er muss mit dem angesetzten Kalkulationszinssatz verglichen werden, um die absolute Vorteilhaftigkeit eines Investitionsobjekts zu beurteilen.

Allerdings kann das Projektteam von K-Küchen mit dem Wert von IZF ≈ 10,94 % keine Aussage treffen, wie vorteilhaft eine Investition im Bereich der Verpackungsmaschine für das Unternehmen ausfallen würde. Der interne Zinsfuß kann unterstützend bei der Entscheidungsfindung agieren.

5.5 Betrachtung der dynamischen Amortisationsrechnung

Bei der Amortisationsrechnung ist das Ziel des Projektteams herauszufinden, nach wie vielen Jahren die Investition erstmals Gewinn erwirtschaftet. Im Hinblick auf das Projekt spielt der Faktor Zeit eine bedeutende Rolle, da sich das Team für eine Nutzungsdauer von 6 Jahren entschieden hat, obwohl die AfA-Tabelle 13 Jahre vorgibt. Das Team vertritt die Ansicht, dass die 6 Jahre, nach Gesprächen mit Maschinenherstellern und der Betrachtung von Referenzprodukten, praxisnäher sind. Somit ist es interessant zu sehen, ob bereits 6 Jahre ausreichen, um eine Amortisation der Investition zu erreichen.

K.1 - Geringer Rechenaufwand (ohne Excel):

Für die Formel der Amortisationszeit wird, wie bei der Annuität, der Kapitalwert der Verpackungsmaschine benötigt. Daher ist für die Anwendung der Formel ein extra Rechenschritt erforderlich.

Zusätzlich bedarf es einer tabellarischen Aufbereitung der Daten, um den kumulierten Barwert zu ermitteln, aus dem sich die Periode, die letztmalig einen negativ kumulierten Barwert aufweist, ablesen lässt.

K.2 - Gute Umsetzungsmöglichkeit in Excel:

Die bei der Kapitalwertmethode erstellte Tab. 7 muss um eine weitere Spalte, dem kumulierten Barwert, erweitert werden. Dies stellt keinen sonderlichen Aufwand dar und wird in Tab. 8 gezeigt. Allerdings gibt diese Berechnung nur an, nach wie vielen Jahren die Gewinnschwelle erreicht ist. Für die Ermittlung des exakten Break-even-Points benötigt der Anwender zusätzlich Formel 3.5.

Tabelle 8: Berechnung der Amortisationszeit der "BETA"
Quelle: Eigene Darstellung

Kalkulationszinssatz (i) =		0,043	
Nutzungsdauer in Jahren t	EZÜ $E_t - A_t$	Barwert $\frac{(EZÜ)}{(1+i)^t}$	Kum. Barwert $\sum_{t=1}^{n} \frac{(EZÜ)}{(1+i)^t}$
0	-273.450 €	-273.450 €	-273.450 €
1	23.424 €	22.458 €	-250.992 €
2	77.930 €	71.637 €	-179.355 €
3	72.568 €	63.958 €	-115.397 €
4	74.280 €	62.767 €	-52.630 €
5	75.961 €	61.542 €	8.912 €
6	77.609 €	60.285 €	69.196 €
	Summe:	69.196 €	

Die ermittelten Daten in Formel 3.5 eingesetzt ergeben für die „BETA" einen exakten Amortisationszeitpunkt von 4,86 Jahren:

$$AZ = 4 + \frac{-52630}{-52630 - 8912}$$

$$AZ = 4,86$$

Diese zusätzliche Anwendung der Formel schränkt die guten Umsetzungsmöglichkeiten in Excel nur ein, wenn der exakte Wert benötigt werden würde.

K.3 - Leichte Anwendung:

In puncto Anwendung kann auf die Ausführung der Kapitalwertmethode verwiesen werden (vgl. Kapitel 5.2).

K.4 - Geringer Aufwand bei der Datenermittlung:

Der Aufwand bei der Datenermittlung ist höher als bei der Kapitalwertmethode, da der kumulierte Barwert ermittelt werden muss.

K.5 - Möglichst wenig Daten zur Berechnung:

Es werden die Daten aus Tab. 6 sowie zusätzlich der kumulierte Barwert zur Ermittlung der Periode, die letztmalig einen negativ kumulierten Barwert aufweist, benötigt.

K.6 - Hohe Sicherheit der ermittelten Daten:

In Bezug auf das genannte Kriterium, kann auf die Ausführung der Kapitalwertmethode verwiesen werden (vgl. Kapitel 5.2).

K.7 - Geringe zusätzliche Belastung der personellen Ressourcen:

Die Recherche der Basisdaten stellt bei der Amortisationsberechnung den einzigen Aufwand für das Team dar.

K.8 - Hohe Praxisnähe, trotz Modellannahmen:

Bei der Bewertung zur Praxisnähe kann auf die Kapitalwertmethode hingewiesen werden (vgl. Kapitel 5.2). Diese häufigen Übereinstimmungen mit der Kapitalwertmethode liegen darin begründet, dass es sich bei dieser Methode ebenfalls um eine Untervariante der selbigen handelt.

K.9 - Präzise Aussagekraft der Zielgröße:

Der Zeitpunkt der Gewinnschwelle ist für die Planung einer Investition sehr wichtig. Durch gezielte Veränderungen der Variablen können Grenzbereiche besser ausgelotet werden.

5.6 Betrachtung der Vermögensendwertmethode

Die Vermögensendwertmethode gehört zu den Endwertverfahren. Anders als bei den vorherigen Methoden werden bei dieser und bei der Sollzinssatzmethode sowie dem vollständigen Finanzplan, die Einzahlungsüberschüsse auf den Zeitpunkt am Ende der Investition **aufgezinst** (vgl. Becker 2012: 71).

Zudem muss sich das Projektteam mit einer anderen Modellannahme beschäftigen. Es wird nicht mehr von einem einheitlichen Kalkulationszinssatz ausgegangen, sondern davon, dass Kapitalaufnahmen zum Sollzinssatz und die Kapitalanlagen zum Habenzinssatz erfolgen.

Wie schon in Kapitel 3.2.5 vorgestellt, existieren zwei Vorgehensweisen: das Kontenausgleichsverbot und das Kontenausgleichsgebot. Das Projektteam hat sich, nach vorheriger Prüfung der Methode, für die Vorgehensweise des Kontenausgleichgebots entschieden. Dies liegt darin begründet, dass es wirtschaftlich gesehen sinnvoller ist erst die Kapitalaufnahmen zu tilgen bevor Anlagen getätigt werden. Dieses ist unter der Voraussetzung zu sehen, dass der Sollzinssatz höher ist als der Habenzinssatz. Das ist bei diesem Investitionsvorhaben (Habenzins = 2,3 % / Sollzins = 4,3 %) der Fall (vgl. Becker 2012: 73).

<u>K.1 - Geringer Rechenaufwand (ohne Excel):</u>

Die Formel 3.7 zum Kontenausgleichsgebot beinhaltet eine Variable z, für die abhängig vom Vermögensendwert der Sollzins ($s, wenn\ K_{t-1} < 0$) oder Habenzins ($h, wenn\ K_{t-1} > 0$) pro Periode eingesetzt werden muss. Diese Herangehensweise bedeutet, dass die Formel für jede der sechs Perioden angewendet werden muss, um am Ende der Nutzungsdauer den Vermögensendwert der Investition ermitteln zu können. Diese wiederholten Rechenoperationen bedeuten einen erhöhten Rechenaufwand im Vergleich zu den bisher dargestellten Methoden.

<u>K.2 - Gute Umsetzungsmöglichkeit in Excel:</u>

Für beide Vorgehensweisen der Vermögensendwertmethode sind gute Umsetzungsmöglichkeiten in Excel gegeben.

In Tab. 9 ist die Berechnung des Vermögensendwerts nach dem Kontenausgleichsgebot dargestellt. Die Zinsvariable z wird unter folgenden Bedingungen berechnet:

$$z = s\ (4{,}3\ \%), wenn\ K_{t-1} < 0$$
$$z = h\ (2{,}3\ \%), wenn\ K_{t-1} > 0$$

Tabelle 9: Vermögensendwertmethode nach dem Kontenausgleichsgebot
Quelle: Eigene Darstellung

Nutzungsdauer in Jahren t	Zinsen $K_{t-1} * z$	EZÜ	Geldvermögens- änderung $Zinsen + EZÜ$	K_t $EZÜ + K_{t-1}(1+z)$
0	- €	-273.450 €	-273.450 €	-273.450 €
1	-11.758 €	23.424 €	11.666 €	-261.784 €
2	-11.257 €	77.930 €	66.673 €	-195.111 €
3	-8.390 €	72.568 €	64.178 €	-130.933 €
4	-5.630 €	74.280 €	68.650 €	-62.283 €
5	-2.678 €	75.961 €	73.283 €	11.000 €
6	253 €	77.609 €	77.862 €	**88.862 €**

Die „BETA" weist einen Vermögensendwert nach dieser Berechnung von 88.862 € auf und ist somit absolut vorteilhaft für K-Küchen.

K.3 - Leichte Anwendung:

Die Anwendung der Vermögensendwertmethode ist für den Benutzer im Verhältnis zu den bisherigen Methoden etwas komplizierter. Erstens muss sich das Projektteam für eine der beiden Vorgehensweisen entscheiden und zweitens ist stets auf die Anwendung des richtigen Zinssatzes zu achten. Daher ist die Anwendung der Vermögensendwertmethode als anspruchsvoll einzustufen.

K.4 - Geringer Aufwand bei der Datenermittlung:

Durch die fehlende Annahme eines vollkommenen Kapitalmarkts erhöht sich der Aufwand der Datenermittlung in puncto Kalkulationszinssatz. Das Projektteam muss sich bei seinen Recherchen auf den Anlage- und Kreditsektor konzentrieren. Allerdings sollte diese weitere Betrachtung des Finanzsektors ebenfalls bei den anderen Methoden stattfinden, um sich einen präziseren Eindruck von der Marktlage verschaffen zu können.

K.5 - Möglichst wenig Daten zur Berechnung:

Neben den Basisdaten aus Tab. 6 benötigt K-Küchen zu dem einen realistischen Habenzinssatz für das Investitionsobjekt. Dieser muss wie der Sollzinssatz bei einem Kreditinstitut angefragt werden. Dies hat zur Folge, dass mehr Daten benötigt werden.

K.6 - Hohe Sicherheit der ermittelten Daten:

Bei vielen Punkten kann an dieser Stelle auf die Ausführungen der Kapitalwertmethode verwiesen werden (vgl. Kapitel 5.2). Durch Aufteilung des Kalkulationszinssatzes kann von einer höheren Sicherheit ausgegangen werden, da beide Seiten (Anlage / Kredit) betrachtet werden. Andererseits birgt jeder zusätzlich prognostizierte Wert eine weitere Unsicherheit in der Berechnung. Aufgrund dieser beiden Betrachtungsweisen ist die Sicherheit oder Unsicherheit der Daten ähnlich wie bei der Kapitalwertmethode zu bewerten.

K.7 - Geringe zusätzliche Belastung der personellen Ressourcen:
Die personellen Ressourcen werden durch die zusätzliche Bankenanfrage nach einem marktgerechten Anlagezins nicht weiter beansprucht.

K.8 - Hohe Praxisnähe, trotz Modellannahmen:
Bei der Praxisnähe kann die Vermögensendwertmethode gegenüber den bisherigen Methoden mehr Vorteile aufweisen. Durch einen separaten Haben- und Sollzins ist diese Modellannahme realitätsnaher, als der vollkommene Kapitalmarkt mit einem einheitlichen Zinssatz.

K.9 - Präzise Aussagekraft der Zielgröße:
Die Vermögensendwertmethode entspricht in weiten Teilen der Kapitalwertmethode, mit Ausnahme der Modellannahme und den damit verbundenen unterschiedlichen Zinssätzen.

Es ist allerdings fraglich, ob die vermeintlich höhere Praxisnähe bei der Aussagekraft von Relevanz ist. Weichen die Soll- und Habenzinssätze nur minimal voneinander ab, führen die Kapitalwert- und die Vermögensendwertmethode zu den annähernd gleichen Resultaten (vgl. Götz 2008: 115). Die beschriebene Nähe beider Zinssätze tritt bei der Fallsituation ein. Mit einer Differenz von lediglich 2 % (s = 4,3 % zu h = 2,3 %) liegen die beiden Werte so nahe beieinander, dass die Ergebnisse annähernd gleich sind. Durch das Ergebnis der Kapitalwertmethode von 69.196 € und einem Vermögensendwert von 88.862 € wird das bestätigt.

Die Aussagekraft der Vermögensendwertmethode bezüglich der Vorteilhaftigkeitsbeurteilung wird genau wie die Kapitalwertmethode bewertet.

5.7 Betrachtung der Sollzinssatzmethode

Wie bereits in Kapitel 3.2.6 beschrieben, handelt es sich bei der Sollzinssatzmethode um das Pendant zur internen Zinsfuß-Methode. An dieser Stelle kann daher auf eine eigene Bewertung anhand der Kriterien aus Tab. 5 für die Sollzinssatzmethode verzichtet werden.

Die Bewertung ist der des internen Zinsfußes zu entnehmen (vgl. Kapitel 5.4). Allerdings wird zur Vollständigkeit die Sollzinssatzmethode angewendet, um den kritischen Sollzinssatz für das Investitionsvorhaben der Verpackungsmaschine zu ermitteln.

Die Berechnung des kritischen Sollzinssatzes wird mit Hilfe der „Regula-Falsi"- Gleichung vorgenommen.

Anlage 9 ist die Ermittlung der beiden Versuchszinsen zu entnehmen, die zur Berechnung notwendig sind.

Kontenausgleichsverbot (gegeben ist ein Habenzinssatz von h = 2,30 %):

$$s_k \approx 7,5 - 323 * \frac{7,6-7,5}{-2036-323}$$

$$s_k \approx 7,513692242$$

Nach der ersten Annährung liegt ein Wert von 7,513692242 % vor. Wenn die Annährung weiter durchgeführt wird, nähert sich der Wert letztendlich nach jeder Durchführung dem kritischen Sollzinssatz an, bei dem der Vermögensendwert Null ergibt.

Der ermittelte kritische Sollzinssatz von ca. 7,51 % ist größer als der prognostizierte Sollzinssatz und bestätigt somit, wie die vorherigen Methoden, die absolute Vorteilhaftigkeit der Investition.

Unter der Anwendung des Grundsatzes des Kontenausgleichsgebotes entspricht der kritische Sollzinssatz dem des internen Zinsfußes, da der Habenzinssatz nicht berücksichtig wird (vgl. Becker 2012: 75).

5.8 Betrachtung der VOFI-Methode

Die Methode des vollständigen Finanzplanes, kurz VOFI-Methode genannt, gehört nicht mehr zu den klassischen Investitionsrechnungsverfahren, sondern ist eine finanzplanorientierte Alternative. So stellt *Grob* diese Methode in „Einführung in die Investitionsrechnung" dar (vgl. Grob 2006: 104). Trotz dieses Ansatzes hat die VOFI-Methode das Ziel, eine Investition auf ihren Nutzen für das Unternehmen zu prüfen und wird daher von dem Projektteam betrachtet. Eine der Stärken der VOFI-Methode ist die Möglichkeit mehrere Finanzierungskonzepte bei der Berechnung zu berücksichtigen. Eine weitere ist, dass ohne größeren Aufwand Abschreibungen und Ertragssteuer berücksichtigt werden können. Werden diese Möglichkeiten nicht genutzt, existieren im Blick auf die Zielgröße des Vermögensendwerts kaum noch Unterschiede zur Vermögensendwertmethode.

Die Fallsituation bei K-Küchen stellt so eine Situation dar. Die von dem Projektteam ermittelten Daten beinhalten nur eine Finanzierungssituation. Steuerliche Einflüsse stehen nicht im Fokus der Betrachtung.

Die Bewertung einiger Kriterien erfolgt daher teilweise unabhängig von der Fallsituation, um die Möglichkeiten der VOFI-Methode vollständig darzustellen.

K.1 - Geringer Rechenaufwand (ohne Excel):

Die VOFI-Methode ist ein vollständig tabellarisch aufgebautes System, welches nicht wie die anderen beschriebenen Methoden seinen Ursprung in einer finanzmathematischen Formel hat. Trotz alledem wird dieser Punkt mit gut bewertet. Da bei den anderen Methoden die vorhandenen Formeln in der Praxis nur selten zum Einsatz gekommen sind, wird die hier fehlende Formel als positiv gewertet.

K.2 - Gute Umsetzungsmöglichkeit in Excel:

Das tabellarische Grundkonzept ist auf Excel zugeschnitten und somit gibt es nicht nur gute Umsetzungsmöglichkeiten, sondern es ist zugleich ein auf Excel basierendes System.

K.3 - Leichte Anwendung:

Der vollständige Finanzplan stellt für das Projektteam, insbesondere für den Controlling-Leiter, eine neue Herausforderung dar. Aufgrund seiner Komplexität und der damit verbundenen Betrachtung jeder einzelnen Periode des Nutzungszeitraums bedarf es einer intensiven Bearbeitung des Finanzplanes. Unter diesen Umständen kann hier von einer schwierigen Anwendung gesprochen werden.

K.4 - Geringer Aufwand bei der Datenermittlung:

Der Aufwand bei der Datenermittlung kann wesentlich höher sein als bei den anderen beschriebenen Methoden. Zwar unterscheidet die Vermögensendwertmethode bereits zwischen Haben- und Sollzins, aber bei der VOFI-Methode können verschiedene Finanzierungskonzepte betrachtet werden. Dies bedeutet, dass in anderen Fallsituationen evtl. drei bis vier verschiedene Sollzinsen berechnet werden müssen bzw. können. Diese Ausbaufähigkeit ist wie schon beschrieben eine positive Eigenschaft der Methode. Von dem Projektteam wird das bei dieser Investition allerdings nicht benötigt.

Für die Bewertung des Kriteriums wird von der allgemeinen Möglichkeit dieser Methode ausgegangen. Diese stellt für das Projektteam einen höheren Aufwand bei der Datenermittlung dar.

K.5 - Möglichst wenig Daten zur Berechnung:

Die grundlegenden Möglichkeiten der VOFI-Methode benötigen, neben denen aus Tab. 6, zusätzliche Daten wie z.B.: alternative Kredite, Ertragssteuer, Abschreibungen und evtl. alternative Anlagen. Diese zusätzlichen Daten entsprechen nicht den Anforderungen möglichst wenige Daten zur Berechnung zu ermitteln.

K.6 - Hohe Sicherheit der ermittelten Daten:

Bei der Datenermittlung ist in Frage zu stellen, ob eine Prognose über die verschiedenen Finanzierungkonditionen in Zukunft so präzise möglich ist, wie es die Methode darstellt. Dies hat zur Folge, dass die Daten eine gewisse Unsicherheit bergen, was sich auf die Zielgröße auswirken kann.

K.7 - Geringe zusätzliche Belastung der personellen Ressourcen:

Zusätzliche Mitarbeiter sind bei dieser Methode nicht notwendig. Aufgrund der detaillierten Betrachtung der Perioden und einer Mehrzahl zu verwendender Werte kann es lediglich bei den involvierten Mitarbeitern zu einem höheren Arbeitsaufwand kommen.

K.8 - Hohe Praxisnähe, trotz Modellannahmen:

Die Modellannahme von einem vollkommenen Kapitalmarkt ist, wie bei der Vermögensendwertmethode, nicht gegeben und daher als positiv zu werten. Des Weiteren kann eine Vielzahl von Konditionen mit in die Bewertung aufgenommen werden, wie z.B. Kredite mit Raten-, End- und Annuitätentilgung. Aufgrund dieser Ausbaufähigkeit der Methode, ist für diesen Sektor eine sehr hohe Praxisnähe gegeben.

K.9 - Präzise Aussagekraft der Zielgröße:
Bei der Aussagekraft der Zielgröße kann in weiten Teilen auf die Ausführung der Vermögensendwertmethode verwiesen werden, da beide Methoden als Zielgröße den Vermögensendwert haben. Bei Verwendung der gleichen Basisdaten kommt es demzufolge zum identischen Vermögensendwert.

Um die Möglichkeiten der VOFI-Methode darzustellen, wurde der Vermögensendwert mit den Basisdaten aus Tab. 6, unter der Berücksichtigung von steuerlichen Einflüssen, berechnet. Hierfür wurden folgende Fakten unterstellt:

- Das Objekt wird linear über 6 Jahre abgeschrieben
- Der Ertragssteuersatz beträgt 50 %

Unter diesen Voraussetzungen beträgt der Vermögensendwert der „BETA" nach der Nutzungsdauer von 6 Jahren nur noch 44.094 €. Die Berechnung des Vermögensendwerts ist Anlage 10 zu entnehmen. Ohne die Berücksichtigung der Abschreibungen und der Ertragssteuer würde der Vermögensendwert bei 88.862 € liegen.

An dieser Stelle wird deutlich, welche Möglichkeiten diese Methode bietet, wenn es verschiedene Konstellationen gibt die zu beachten sind. Für K-Küchen ist es jedoch ausreichend, die Basisdaten aus Tab. 6 zu verwenden, da keine anderen Werte im Vorfeld ermittelt wurden.

Die VOFI-Methode bietet zusätzlich noch die Auswahl einer zweiten Zielgröße, die der VOFI-Rendite. Diese wird an dieser Stelle nicht in die Bewertung mit aufgenommen, weil diese Auskunft über die Verzinsung des Eigenkapitals gibt welches im Beispiel nicht vorhanden ist.

Die Aussagekraft dieser Methode kann unter den richtigen Voraussetzungen anderen Methoden überlegen sein. Da aber für die Investition der „BETA" andere Kreditkonditionen oder steuerliche Auswirkungen nicht im Fokus der Betrachtung stehen, kann sie der Bewertung der Vermögensendwertmethode gleichgesetzt werden.

5.9 Zusammenfassung der empirischen Untersuchung

Im empirischen Teil dieses Fachbuches wurde zuerst die IST-Situation des mittelständigen Küchenmöbelherstellers K-Küchen betrachtet.

Im Anschluss wurden die sieben dynamischen Investitionsrechnungsverfahren anhand von neun auf diese Situation festgelegten Kriterien betrachtet und bewertet.

Die Ergebnisse der einzelnen Betrachtungen der dynamischen Methoden sind vom Projektteam in einer Nutzwertanalyse zusammengefasst worden. Diese Form der Analyse ermöglicht die direkte Vergleichbarkeit der einzelnen Methoden für das Team. Das Resultat der Nutzwertanalyse liefert eine erste Tendenz, welche Methoden das passende Hilfsinstrument bei der Entscheidungsfindung für K-Küchen darstellt.

Die vollständige Nutzwertanalyse ist Anlage 11 zu entnehmen. Der maximal zu erreichende Wert dieser Analyse liegt bei 310 Punkten.

Mit einem Gesamt-Nutzwert von 246 Punkten stellt, laut Nutzwertanalyse, die Kapitalwertmethode für K-Küchen das beste Hilfsinstrument zur Investitionsbewertung dar. Die Methode des internen Zinsfußes und die Sollzinssatzmethode folgen mit einem Nutzwert von jeweils 231 Punkten. Auf Platz vier und fünf schließen sich mit Nutzwerten von 230 und 225 die Vermögensendwertmethode und die Methode des vollständigen Finanzplanes an. Mit relativ großem Abstand eignen sich die dynamische Amortisationsrechnung mit 204 Punkten und die Annuitätenmethode mit 201 Punkten am wenigsten als Hilfsinstrument für diese Fallsituation.

Während der Betrachtung der Methoden stellte sich heraus, dass die Annuitätenmethode, die Methode des internen Zinsfußes und die dynamische Amortisationsrechnung Untervarianten der Kapitalwertmethode sind. Die Sollzinssatzmethode ist die Untervariante der Vermögensendwertmethode. Zusätzlich haben die VOFI-Methode und die Vermögensendwertmethode die gleiche Zielgröße, den Vermögensendwert.

Diese Umstände der mangelnden Differenzierung, das Ergebnis der Nutzwertanalyse, die Erkenntnisse aus dem theoretischen Abschnitt und die Berücksichtigung von Ungewissheiten, ermöglichen es in der Schlussbetrachtung K-Küchen eine fundierte Handlungsempfehlung auszusprechen.

6 Schlussbetrachtung

In der Einleitung dieses Fachbuches wurden beispielhaft zwei Fragen gestellt, mit denen sich Unternehmen auf der ganzen Welt beschäftigen:

- *„Welche Investition ist die Richtige für unser Unternehmen?"*

oder

- *„Welchen Nutzen hat diese Investition für unser Unternehmen?".*

Zielsetzung des vorliegenden Buches bestand darin, dem mittelständigen Küchenmöbelhersteller K-Küchen aufzuzeigen, welches dynamische Investitionsmodell sich am besten als Hilfsinstrument zur Entscheidungsfindung für die Investition einer Verpackungsmaschine eignet. Die eingangs formulierten Fragen sollten optimal, dass bedeutet mit dem geringsten Aufwand innerhalb eines akzeptablen Zeitfensters und mit einer möglichst sicheren Prognose, beantwortet werden.

Die Konzentration auf die dynamischen Methoden stellte sich nach der theoretischen Betrachtung als geeignet heraus. Die zur Betrachtung herangezogene Literatur bestätigt diese Vorgehensweise. So erwähnt z.B. *Lutz Kruschwitz* in seiner 13. Auflage des Werkes „Investitionsrechnung", anders als noch in der vorherigen Auflage, die statischen Methoden nicht mehr.

Im Laufe des Buches stellte sich heraus, dass es zur Erfüllung der Zielsetzung nicht ausreicht nur das Ergebnis der Nutzwertanalyse der empirischen Untersuchung zu betrachten und K-Küchen demnach die Kapitalwertmethode als Hilfsinstrument zu empfehlen. Um das Ziel zu verfolgen ist weitaus mehr Aufwand nötig.

Die Gesamtsituation des Investitionsvorhabens und die nicht eindeutige Differenzierung der sieben Methoden, machen es notwendig K-Küchen eine Herangehensweise für deren individuelle Konstellation zu empfehlen. Daraus resultiert eine der Erkenntnisse dieses Buches die besagt, dass jegliche Veränderung der IST-Situation, sei es der Eigenkapitalanteil oder die Zinssituation, zu Veränderungen bei der Empfehlung führen kann.

Diese Entwicklung innerhalb des Buches führte dazu, dass die Berücksichtigung der Ungewissheit im vierten Kapitel ein Bestandteil dieses Fachbuches geworden ist und somit in die Handlungsempfehlung für K-Küchen mit einfließt.

Bei der anschließenden empirischen Untersuchung sind die folgenden drei wichtigsten Faktoren bei der Auswahl einer Methode für K-Küchen definiert worden:
1. geringe zusätzliche Belastung des Personals,
2. die hohe Sicherheit der Daten und
3. die Aussagekraft der Zielgröße.

Der Aufwand zur Berechnung der einzelnen Methoden stellte sich für das Projektteam als weniger bedeutend heraus, als anfangs angenommen. Der grundsätzliche Aufwand für das Team liegt in der Datenermittlung der Basisdaten, die zur Berechnung der meisten Methoden notwendig sind.

Einen wichtigen Bestandteil der Handlungsempfehlung stellt die Nutzwertanalyse der empirischen Betrachtung dar. Die Kapitalwertmethode ist die Methode mit dem höchsten Nutzwert für K-Küchen und sollte daher zur Entscheidungsfindung bei der Investitionsüberlegung Anwendung finden.

K-Küchen ist zu empfehlen, eine Kombination aus mehreren Methoden zur Entscheidungsfindung anzuwenden. Diese Option ist möglich, da der Aufwand für die Methoden, welcher als kritischer Faktor bei der empirischen Untersuchung angesehen wurde, nach der Betrachtung der einzelnen Methoden als weniger relevant eingestuft wird. Daher ist es sinnvoll, den prognostizierten Kapitalendwert unter Zuhilfenahme der Kapitalwertuntervarianten, interner Zinsfuß und dynamische Amortisationsrechnung, zu stärken.

Die Methode des internen Zinsfußes stellt zusätzlich eines der bekanntesten Verfahren der Sensibilitätsanalyse, dem des „kritischen Werts", dar. Dies ermöglicht K-Küchen das Wissen darüber, um wie viel Prozent der Kalkulationszinssatz steigen darf bis die Investition unvorteilhaft wird.

Die Kombination aus der Ermittlung des Kapitalendwerts, anschließender Berechnung der Amortisationszeit und Bestimmung des internen Zinsfußes stellt nach Betrachtung der dynamischen Verfahren für den mittelständigen Küchenmöbelhersteller K-Küchen das beste Hilfsinstrument zur Entscheidungsfindung dar. Genau diese Kombination ermöglicht es dem Projektteam von K-Küchen den finanziellen Nutzen der Investition sowie den benötigten Zeitraum, bis sich die Maschine amortisiert hat, bestmöglich zu prognostizieren. Der interne Zinsfuß komplettiert diese Kombination mit einer Risikoeinschätzung, inwiefern sich der Kalkulationszins verändern darf, bis es zu einer negativen Entwicklung der Investition führen würde.

Die Annuitätenmethode ist anhand der Nutzwertanalyse die schwächste Methode und somit nicht in die Kombinationsempfehlung aufgenommen worden.

Die Kombination mit der Vermögensendwertmethode und deren Untervariante, der Sollzinssatzmethode, stellt nach der Nutzwertanalyse ebenfalls nicht die geeignetste Vorgehensweise für K-Küchen dar. Dies liegt hauptsächlich darin begründet, dass eine zusätzliche Recherche eines Anlagezinses notwendig ist und der Aufwand der Berechnung minimal höher bewertet wurde.

Die Methode des vollständigen Finanzplanes entwickelt ihre Vorteile, wenn es z.B. mehrere Konditionen bei der Fremdfinanzierung gibt oder steuerliche Einflüsse berücksichtigt werden sollen. Da dies in der Fallsituation nicht eintritt, ist diese Methode K-Küchen nicht zu empfehlen.

Neben der Handlungsempfehlung sollte, wie bereits in der Einleitung des Buches erwähnt, K-Küchen neben der monetären Betrachtung der Investition seinen Blickwinkel auf andere Themenfelder lenken. So ist es z.B. wichtig die technische Entwicklung im Bereich der Verpackungsmaschinen zu beobachten oder eine Benchmark-Analyse durchzuführen, um nicht Gefahr zu laufen, den Anschluss an andere Unternehmen zu verlieren.

Bei den genannten Themen ist es von Bedeutung, individuell die zum Zeitpunkt der Entscheidungsfindung vorliegende Situation zu betrachten. K-Küchen sollte darauf abzielen, in der Praxis den idealen Kompromiss aus Aufwand und Nutzen zu finden.

Abschließend lässt sich festhalten, dass die geeignetste Auswahl des Investitionsmodells und die damit verbundene Entscheidung zur Investition nur das Risiko für das Unternehmen minimieren, aber nie eine Garantie für eine risikofreie Investition geben kann, da die angewandten Daten Zukunftsprognosen darstellen und somit nicht zu beeinflussende Risiken bergen.

„Wer jedes Risiko ausschalten will, der zerstört auch alle Chancen."
Hans-Olaf Henkel (*1940), deutscher Topmanager, 1985-93 Deutschland-,
1993-94 Europa-Chef IBM, 1995-2000 Präsident. Bundesverband der Deutschen Industrie

VI Quellenverzeichnis

Becker, H. P. (2012): Investition und Finanzierung. Grundlagen der betrieblichen Finanzwirtschaft. 5., überarb. u. erw. Aufl., Wiesbaden: Springer Gabler.

Bieg, H.; Kußmaul, H. (2009): Investition. 2., vollst. überarb. Aufl., München: Vahlen.

Blohm, H.; Lüder, K.; Schaefer, C. (2012): Investition. Schwachstellenanalyse des Investitionsbereichs und Investitionsrechnung. 10., bearb. u. akt. Aufl., München: Vahlen.

Däumler, K.-D.; Grabe, J. (2007): Grundlagen der Investitions- und Wirtschaftlichkeitsrechnung. 12., vollst. überarb. Aufl., Herne: NWB.

Däumler, K.-D.; Grabe, J. (2010): Anwendung von Investitionsrechnungsverfahren in der Praxis. 5., vollst. überarb. Aufl., Herne: NWB.

Döring, U.; Wöhe, G. (2008): Einführung in die Allgemeine Betriebswirtschaftslehre. 23., vollst. neu bearb. Aufl., München: Vahlen.

Dörsam, P. (2007): Grundlagen der Investitionsrechnung. anschaulich dargestellt. 5., überarb. Aufl., Heidenau: PD-Verlag.

Götze, U. (2008): Investitionsrechnung. Modelle und Analysen zur Beurteilung von Investitionsvorhaben. 6., durchges. u. akt. Aufl., Berlin: Springer.

Grob, H. L. (2006): Einführung in die Investitionsrechnung. 5., vollst. überarb. u. erw. Aufl., München: Vahlen.

Heesen, B. (2012): Investitionsrechnung für Praktiker. Fallorientierte Darstellung der Verfahren und Berechnungen. 2. Aufl., Wiesbaden: Springer Gabler.

Hering, T. (2008): Investitionstheorie. 3., überarb. u. akt. Aufl., München: Oldenbourg Verlag.

Horstmann, R. (2011): Grundlagen der Betriebswirtschaftslehre. Studienbrief 5: Investitionsrechnung. Studienbrief der Hamburger Fern-Hochschule.

Jung, H. (2012): Effizienz rauf, Stückkosten runter. Interview mit Harald Jung. In: Pack Report. (Nr. 9 vom September 2012: 30-31).

Kruschwitz, L. (2009): Investitionsrechnung. 12., akt. Aufl., München: Oldenbourg Verlag.

Kruschwitz, L. (2011): Investitionsrechnung. 13., akt. Aufl., München: Oldenbourg Verlag.

Olfert, K. (2012) (Hrsg.): Investition. 12., durchges. u. akt. Aufl., Herne: Kiehl (NWB).

Perridon, L.; Rathgeber, A.; Steiner, M. (2012): Finanzwirtschaft der Unternehmung. 16., überarb. u. erw. Aufl., München: Vahlen.

Schäfer, H. (2005): Unternehmensinvestitionen. Grundzüge in Theorie und Management. 2., überarb. Aufl., Heidelberg: Physica.

ter Horst, K. W. (2009): Investition. 2., akt. Aufl., Stuttgart: Kohlhammer.

Volksbank (2013): Finanzierungskonzept. Schriftliche Auskunft vom 06.06.2013.

Internetquellen

AfA (o.J.): Afa Tabelle. URL: http://afa-tabelle.net/AfA-Tabelle-UV.html [Stand: 25.05.2013].

Auernhammer, G. X. (2007): HS Magedeburg. Vollkommener Kapitalmarkt. URL: http://www.stendal.hs-magdeburg.de/project/konjunktur/Fiwi/vorlesung/6.Semester/vorlesungsmaterial/14_Vollkommener%20Kapitalmarkt%20und%20die%20Fisher.pdf [Stand: 19.05.2013].

Gabler Verlag (2013): Gabler Wirtschaftslexikon. Investitionsrechnung. URL: http://wirtschaftslexikon.gabler.de/Archiv/54836/investitionsrechnung-v8.html [Stand: 16.02.2013].

Imiger, S. (2009): Acel. Akzeptanz der Investitionsrechnung in der Praxis. URL: https://www.acel.ch/PDF/PUB_32_Return_on_Invest.pdf [Stand: 09.05.2013].

Konetzny, M. (o.J.): Experto. Business. Steuer & Buchführung. Controlling. Die Kapitalwertmethode. URL: http://www.experto.de/b2b/steuern-buchfuehrung/controlling/die-kapitalwertmethode.html [Stand: 13.04.2013].

Messner, S.; Wala, T. (2005): ECONBIZ. Die Berücksichtigung von Ungewissheit und Risiko in der Investitionsrechnung. URL: http://www.econbiz.de/archiv1/2009/97040_ungewissheit_risiko_investitionsrechnung.pdf [Stand: 29.03.2013].

Panotec (2013): Panotec. Product. Nextmode. URL: http://www.panotec.it/template/panotec/data/DataSheet_NextMode_EN.pdf [Stand: 19.03.2013].

Rath, I. (2012a): YouTube. Investitionsrechnung. Interner Zinssatz mit Excel. URL: http://www.youtube.com/watch?v=MPl_yNLSH6s [Stand 02.04.2013].

Rath, I. (2012b): YouTube. Investitionsrechnung. Kapitalwert mit Excel. URL: http://www.youtube.com/watch?v=DB5wGKRii7Q [Stand 02.04.2013].

Rath, I. (2012c): YouTube. Investitionsrechnung. Annuitätenmethode mit Excel. URL: http://www.youtube.com/watch?v=sMR8Gf7uCi0 [Stand 02.04.2013].

Rath, I. (2012d): YouTube. Investitionsrechnung. Amortisation mit Excel. URL: http://www.youtube.com/watch?v=XgAUqrpgz0k [Stand 02.04.2013].

Welt der BWL (o.J.): Welt der BWL. Investition. Statische Investitionsrechnung. URL: http://www.welt-der-bwl.de/Statische-Investitionsrechenverfahren [Stand: 01.04.2013].

VII Anlagenverzeichnis

Anlage 1: Vorauswahl der Verpackungsmaschine mit dem Hilfsinstrument der Nutzwertanalyse 70

Anlage 2: Annuitätenmethode - Vergleich zweier Investitionen 71

Anlage 3: Excel Berechnung des internen Zinsfußes 72

Anlage 4: Vermögensendwertmethode (Kontenausgleichsverbot / -gebot) 73

Anlage 5: Eigenschaftstabelle der dynamischen Methoden 74

Anlage 6: Analyse der Einzahlungen und Auszahlungen (Nutzungsdauer 6 Jahre) 78

Anlage 7: Finanzierungskonzept der Volksbank 79

Anlage 8: Umsetzungsmöglichkeit in Excel bei der Annuitätenmethode 80

Anlage 9: Bestimmung der Versuchszinsen für die Sollzinssatzmethode 81

Anlage 10: Vollständiger Finanzplan inkl. Steuer der „BETA" 82

Anlage 11: Abschließende Nutzwertanalyse der dynamischen Investitionsrechnungsmethoden 83

Anlage 1: Vorauswahl der Verpackungsmaschine mit dem Hilfsinstrument der Nutzwertanalyse
Quelle: Anlehnung an (Olfert 2012: 328ff.)

Nutzwertanalyse zur Auswahl der Verpackungsmaschine	Faktor für Einschätzung 1/3/5/7/10	Automatische Verpackungsmaschine "ALPHA" von Firma A			Automatische Verpackungsmaschine "BETA" von Firma B		
		Bewertung	Bemerkung	Bewertung x Faktor – Gesamtbewertung	Bewertung	Bemerkung	Bewertung x Faktor – Gesamtbewertung
Skalierung 5: sehr hoch / -positiv / -gut 4: hoch/ positiv / gut 3: mittel/ befriedigend 2: niedrig/ negativ/ ausreichend 1: sehr niedrig / -negativ / mangelhaft							
K.1 Möglichst viel Erfahrung (Referenzen)	7	4	gut	28	5	gut - Leicht. Interlübke	35
K.2 Geringer Platzbedarf der Maschine	5	4	63 m²	20	3	71,3 m²	15
K.3 Leichte Bedienbarkeit	7	3	sehr technisch	21	5	Touch-Screen-Bedienpult	35
K.4 Große Bahnbreite	7	5	2500 mm	35	5	2500 mm	35
K.5 Maximale Dicke der Pappe	3	4	2,5-7,0 mm	12	4	2,5-7,5 mm	12
K.6 Anbaumöglichkeit eines Druckers	3	1	nein	3	3	ja	9
K.7 Perforations Rillungswerkzeuge	5	1	nein	5	4	ja	20
K.8 Möglichkeit parametrische Verpackungsmodelle einzugeben	10	2	nur bedingt	20	5	ja	50
K.9 Kartonzuschnitte / min	7	4	7,5	28	5	10	35
K.10 Anzahl gespeicherter FECOS	5	3	16	15	5	260	25
K.11 Anzahl der möglichen Kartonagenmagazine	10	5	6	50	5	6	50
K.12 Anschließende Betreuung	7	5	ja	35	5	ja	35
K.13 Unterstützung bei Peripheriegestaltung	10	5	ja	50	3	ja	30
K.14 Objektiver Eindruck der Maschine	5	3	-	15	4	-	20
Nutzwert-Gesamt				337			406
Rang Nutzwert				2			1
Einkaufspreis (Netto) ohne Umfeldgestaltung				176.000 €			193.450 €
Rang Einkaufpreis				1			2
Preis-Leistungsverhältnis - Preis je Punkt				522,3			476,5
Rang Preis-Leistungsverhältnis				2			1

Anlage 2: Annuitätenmethode - Vergleich zweier Investitionen
Quelle: Anlehnung an (Rath 2012c)

	A	B	C	D	E
1	**Annuitätenmethode**				
3	**Basidaten:**	Investition I	Investition II		
4	Anschaffungsauszahlung	100.000 €	100.000 €		
5	Nutzungsdauer	3 Jahre	5 Jahre		
6	Liquidationserlös	- €	- €		
7	Kalkulationszinssatz	8,00%	8,00%		
8	Aufzinsungsfaktor	1,080	1,080		
9	Eigenkapital	- €	- €		
11		\multicolumn{2}{Investition I}	\multicolumn{2}{Investition II}	
12	**Nutzungsdauer**	**EZÜ**	**Barwert. CF**	**EZÜ**	**Barwert CF**
13	0	- 100.000 €	- 100.000 €	- 100.000 €	- 100.000 €
14	1	37.500 €	34.722 €	24.400 €	22.593 €
15	2	45.300 €	38.837 €	27.300 €	23.405 €
16	3	40.000 €	31.753 €	30.270 €	24.029 €
17	4	- €	- €	27.500 €	20.213 €
18	5	- €	- €	24.200 €	16.470 €
19	**Kapitalwert:**		5.313 €		6.711 €
21	Die Annuitätenmethode versucht den Kapitalwert (dynamisch) auf die Laufzeit aufzuteilen.				
22		Investition I		Investition II	
23	**Nutzungsdauer**	**Annuität:**	**Barwert Annuität:**	**Annuität:**	**Barwert Annuität:**
24	0				
25	1	2.062 €	1.909 €	1.681 €	1.556 €
26	2	2.062 €	1.767 €	1.681 €	1.441 €
27	3	2.062 €	1.637 €	1.681 €	1.334 €
28	4		- €	1.681 €	1.235 €
29	5		- €	1.681 €	1.144 €
30	**Kapitalwert:**	Summe:	5.313 €		6.711 €
31	**Alternative Excelformel zur schnelleren Berechnung der Annuität**				
32	**Annuität:**	**Alternativ RMZ:**	2.062 €	**Alternativ RMZ:**	1.681 €
33			=RMZ(B7;3;-C19)		=RMZ(B7;5;-E19)

Anlage 3: Excel Berechnung des internen Zinsfußes
Quelle: Anlehnung an (Rath 2012a)

	A	B	C	D	E
1	**Interner Zinsfuß**				
2					
3	**Basisdaten:**				
4	Anschaffungsauszahlung	100.000 €			
5	Nutzungsdauer	5 Jahre			
6	Liquidationserlös	- €			
7	Kalkulationszinssatz	8,00%			
8	Aufzinsungsfaktor	1,080			
9	Eigenkapital	- €			
10					
11	**Nutzungsdauer**	**Auszahlung**	**Einzahlung**	**EZÜ**	**Barwert CF**
12	0	100.000 €	- €	- 100.000 €	- 100.000,00 €
13	1	10.000 €	34.400 €	24.400 €	22.592,59 €
14	2	14.000 €	41.300 €	27.300 €	23.405,35 €
15	3	18.000 €	48.270 €	30.270 €	24.029,30 €
16	4	16.100 €	43.600 €	27.500 €	20.213,32 €
17	5	14.900 €	39.100 €	24.200 €	16.470,11 €
18			Summe:		**6.711 €**
19					
20	**Alternative Excelformel zur schnelleren Berechnung des internen Zinsfußes**				
21	**Alternativ IKV:**	**10,50365061%**			
22		=IKV(D12:D17)			

Anlage 4: Vermögensendwertmethode (Kontenausgleichsverbot / -gebot)
Quelle: Eigene Darstellung

Vermögensendwertmethode	
Basisdaten:	
Anschaffungsauszahlung	100.000 €
Nutzungsdauer	5 Jahre
Liquidationserlös	- €
Sollzinssatz:	8,00%
Aufzinsungsfaktor (r):	1,0800
Habenzinssatz:	6,00%
Aufzinsungsfaktor (r):	1,0600

Kontenausgleichsverbot — Trennung von Haben- und Sollkonto

noch bevorstehende Nutzungsdauer	Auszahlung	Einzahlung	EZÜ Sollkonto	EZÜ Habenkonto	Vermögens-endwert
5	100.000 €	- €	-100.000 €		146.933 €
4	10.000 €	34.400 €		24.400 €	30.804 €
3	14.000 €	41.300 €		27.300 €	32.515 €
2	18.000 €	48.270 €		30.270 €	34.011 €
1	16.100 €	43.600 €		27.500 €	29.150 €
0	14.900 €	39.100 €		24.200 €	24.200 €
				Summe:	3.747 €

Kontenausgleichsgebot

Nutzungsdauer	Zinsen	Auszahlung	Einzahlung	EZÜ	Geldvermögens-änderung	Vermögens-endwert
0	- €	100.000 €	- €	-100.000 €	-100.000 €	-100.000 €
1	-8.000 €	10.000 €	34.400 €	24.400 €	16.400 €	-83.600 €
2	-6.688 €	14.000 €	41.300 €	27.300 €	20.612 €	-62.988 €
3	-5.039 €	18.000 €	48.270 €	30.270 €	25.231 €	-37.757 €
4	-3.021 €	16.100 €	43.600 €	27.500 €	24.479 €	-13.278 €
5	-1.062 €	14.900 €	39.100 €	24.200 €	23.138 €	9.860 €

Anlage 5: Eigenschaftstabelle der dynamischen Methoden
Quelle: Eigene Darstellung

dyn. Methoden Eigenschaften	3.2.1 Kapitalwertmethode	3.2.2 Annuitätenmethode
Zielgröße	Kapitalwert	Annuität
Zielgröße Symbol	K_o	An
Definition Zielgröße	Ist die Summe aller auf einen Zeitpunkt ab- bzw. aufgezinsten Ein- und Auszahlungen, die durch die Realisation eines Investitionsobjektes verursacht werden.	Eine regelmäßig in jeder Periode des Betrachtungszeitraums fließende Zahlung, die sich aus den Elementen Zins und Tilgung zusammensetzt
Formel	$K_o = -A_0 + \sum_{t=1}^{n} \frac{(E_t - A_t)}{(1+i)^t}$	$An = K_o * \frac{(1+i)^n * i}{(1+i)^n - 1}$
absolute Vorteilhaftigkeit	$K_0 \geq 0$	$An \geq 0$
relative Vorteilhaftigkeit	$K_0\ von\ A > K_0\ von\ B$	$An\ von\ A > An\ von\ B$
einheitlicher Kalkulationszinssatz	JA	JA
Modellannahmen	vollkommener Kapitalmarkt	vollkommener Kapitalmarkt
Umsetzungsmöglichkeit in Excel	vorhanden **NBW**	vorhanden **RMZ**

dyn. Methoden Eigenschaften	3.2.3 Interne Zinsfuß-Methode	3.2.4 Dynamische Amortisationsrechnung
Zielgröße	Interner Zinsfuß	Amortisationszeit
Zielgröße Symbol	IZF	AZ
Definition Zielgröße	Ist der Zinssatz, der als Kalkulationszinssatz verwendet zu einem Kapitalwert von NULL führt.	Ist der Zeitraum in dem das für eine Investition eingesetzte Kapital aus den Einzahlungüberschüssen des Objektes wiedergewonnen wird.
Formel	$IZF = i_1 - K_1 * \dfrac{i_2 - i_1}{K_2 - K_1}$	$AZ = t^* + \dfrac{K_{t^*}}{K_{t^*} - K_{t^*+1}}$
absolute Vorteilhaftigkeit	$IZF \geq i$	$AZ \leq n$
relative Vorteilhaftigkeit	IZF von $A > IZF$ von B	AZ von $A < AZ$ von B
einheitlicher Kalkulationszinssatz	JA	JA
Modellannahmen	vollkommener Kapitalmarkt	vollkommener Kapitalmarkt
Umsetzungsmöglichkeit in Excel	vorhanden **IKV**	vorhanden + Anwendung der Formel

dyn. Methoden Eigenschaften	3.2.5 Vermögensendwertmethode
Zielgröße	Vermögensendwert
Zielgröße Symbol	K_n
Definition Zielgröße	Ist der Geldvermögenszuwachs, der bezogen auf den letzten Zeitpunkt des Planungszeitraums durch ein Investitionsobjekt bewirkt wird. 1) Kontenausgleichsverbot 2) Kontenausgleichsgebot
Formel	1) $K_n = V_t^+ - V_t^- = \sum_{t=1}^{n} E_t(1+h)^{n-t} - \sum_{t=1}^{n} A_t(1+s)^{n-t}$ 2) $K_t = EZ\ddot{U} + K_{t-1}(1+z)$
absolute Vorteilhaftigkeit	$K_n \geq 0$
relative Vorteilhaftigkeit	$K_n\, von\, A > K_n\, von\, B$
einheitlicher Kalkulationszinssatz	NEIN Trennung nach Soll- und Habenzinssatz
Modellannahmen	unvollkommener Markt
Umsetzungsmöglichkeit in Excel	vorhanden

dyn. Methoden Eigenschaften	3.2.6 Sollzinssatzmethode	3.2.7 Methode der vollständigen Finanzpläne (VOFI)
Zielgröße	kritischer Sollzinssatz	1) Vermögensendwert 2) VOFI Rendite
Zielgröße Symbol	s_k	1) K_n 2) i_{VOFI}
Definition Zielgröße	Ist der Zinssatz, bei dessen Verwendung als Sollzinssatz der Vermögenswert NULL wird.	1) Ist der Geldvermögenszuwachs, der bezogen auf den letzten Zeitpunkt des Planungszeitraums durch ein Investitionsobjekt bewirkt wird. 2) Gibt Auskunft über die Verzinsung des Eigenkapitals.
Formel	$s_k = s_1 - K_{n1} * \dfrac{s_2 - s_1}{K_{n2} - K_{n1}}$	2) $i_{VOFI} = \sqrt[n]{\dfrac{K_n}{EK}} - 1$
absolute Vorteilhaftigkeit	$s_k \geq s$	$Endwert \geq 0$ $Endwert \geq Opportunität$
relative Vorteilhaftigkeit	$s_k\ von\ A > s_k\ von\ B$	$Endwert\ A > Endwert\ B$
einheitlicher Kalkulationszinssatz	NEIN Trennung nach Soll- und Habenzinssatz	NEIN Trennung nach Soll- und Habenzinssatz
Modellannahmen	unvollkommener Markt	unvollkommener Markt
Umsetzungsmöglichkeit in Excel	vorhanden	vorhanden

Anlage 6: Analyse der Einzahlungen und Auszahlungen (Nutzungsdauer 6 Jahre)
Quelle: Eigene Darstellung

	Referenzjahr 2012	t = 0 +3,5	t = 1 +3,5	t = 2 +3,5	t = 3 +3,5	t = 4 +3,5	t = 5 +3,5	t = 6 +3,5
Plan-Entwicklung in %								
Umsatz	20.100.000 €	20.803.500 €	21.531.623 €	22.285.229 €	23.065.212 €	23.872.495 €	24.708.032 €	25.572.813 €
produzierte Verpackungseinheiten	84164	87110	90159	93314	96580	99960	103459	107080
IST-Verpackungssituation	*gegeben ist eine Inflationsrate von 2,2 % bei den Verpackungsmaterialien*
konfektionierte Verpackung	81.168 €	82.954 €	84.779 €	86.644 €	88.550 €	90.499 €	92.490 €	94.524 €
Wellpappe (Rollenware)	60.112 €	61.434 €	62.786 €	64.167 €	65.579 €	67.021 €	68.496 €	70.003 €
Zusätzlich benötige Verpackungsmaterialien	49.396 €	50.482 €	51.593 €	52.728 €	53.888 €	55.074 €	56.285 €	57.524 €
Personalkosten (4,5 x 35.000)	157.500 €	160.965 €	164.506 €	168.125 €	171.824 €	175.604 €	179.468 €	183.416 €
IST-Summe:		363.664 €	371.665 €	379.841 €	388.198 €	396.738 €	405.467 €	
SOLL-Verpackungssituation (BETA)	*gegeben ist eine Inflationsrate von 2,2 % bei den Verpackungsmaterialien*
benötigte Endloswellpappe in m²	237.247	245.551	254.145	263.040	272.246	281.775	291.637	301.844
Preis pro 1000 m²	526 €	526 €	526 €	526 €	553 €	553 €	553 €	553 €
Kosten in €	124.792 €	129.160 €	133.680 €	138.359 €	150.552 €	155.822 €	161.275 €	166.920 €
Zusätzlich benötige Verpackungsmaterialien	52.611 €	53.768 €	54.951 €	56.160 €	57.395 €	58.658 €	59.948 €	61.267 €
Personalkosten t=1 (4,5 x 35.000) ab t=2 (3 x 35.000)	157.500 €	157.500 €	157.500 €	105.000 €	105.000 €	105.000 €	105.000 €	105.000 €
Reduzierung der Reklamationskosten	-	-	- 20.000 €	- 20.000 €	- 20.000 €	- 20.000 €	- 20.000 €	- 20.000 €
SOLL-Summe:			326.131 €	279.519 €	292.948 €	299.480 €	306.224 €	313.187 €
IST-SOLL = Einzahlungen (Einsparungen)			37.533 €	92.146 €	86.894 €	88.718 €	90.514 €	92.279 €
Auszahlungen	*gegeben ist eine Inflationsrate von 2,2 % beim Strompreis*
Strom (27,51 Cent/kWh bei 17.000 kWh)	4.677 €	4.780 €	4.885 €	4.992 €	5.102 €	5.214 €	5.329 €	5.446 €
Wartung und Servicevertrag	5.900 €	5.900 €	5.900 €	5.900 €	5.900 €	5.900 €	5.900 €	5.900 €
Messer (138,- € / Stk. - 12 / Jahr)	1.656 €	1.656 €	1.656 €	1.656 €	1.656 €	1.656 €	1.656 €	1.656 €
Rilleneinheiten (144,- € / Paar - 5 / Jahr)	720 €	720 €	720 €	720 €	720 €	720 €	720 €	720 €
Perforationsmesser (158,- € / Stk. - 6 / Jahr)	948 €	948 €	948 €	948 €	948 €	948 €	948 €	948 €
Summe	13.901 €	14.004 €	14.109 €	14.216 €	14.326 €	14.438 €	14.553 €	14.670 €
		t = 0	t = 1	t = 2	t = 3	t = 4	t = 5	t = 6
Einzahlungsüberschüsse (EZÜ)		- 273.450 €	23.424 €	77.930 €	72.568 €	74.280 €	75.961 €	77.609 €

Anlage 7: Finanzierungskonzept der Volksbank
Quelle: (Volksbank 2013)

Finanzierungskonzept
Volksbank

Ihre Finanzierung im Detail

K-Küchen

Unser Beratungsergebnis vom 06.06.2013

Ihr Ansprechpartner:

Bei Annuitätendarlehen zahlen Sie gleichbleibende Raten, wobei der Tilgungsanteil durch die ersparten Zinsen steigt.

Auszahlungsbetrag	273.450,00	EUR
Auszahlungskurs	100,0000	%
Bearbeitungsgebühr	2.762,12	EUR
Darlehensbetrag	276.212,12	EUR
Sollzinssatz	3,8500	%
Zinsabrechnung monatlich		
Monatliche Annuität	4.249,24	EUR
Anfangstilgung	14,6108	%
Kontoführungsgebühren	3,00	EUR
Berechnung monatlich		
Bereitstellungszinsen	3,0000	%
ab dem 30.03.2014		
Laufzeit Jahre / Monate	6 / 0	
Sollzinsbindung Jahre / Tage	6 / 28	
Sollzinsbindung bis	30.01.2020	
Gesamtzahlungen nach Verbraucherkreditgesetz	310.400,07	EUR
Effektiver Jahreszins	4,30	%

Das Finanzierungskonzept ist unverbindlich und freibleibend. Konditionsänderungen sind möglich.

Anlage 8: Umsetzungsmöglichkeit in Excel bei der Annuitätenmethode
Quelle: Eigene Darstellung

	A	B	C
1	**Annuitätenmethode**		
3	**Basidaten:**	**BETA**	
4	Anschaffungsauszahlung	273.450 €	
5	Nutzungsdauer	6 Jahre	
6	Liquidationserlös	- €	
7	Kalkulationszinssatz	4,30%	
8	Aufzinsungsfaktor	1,043	
9	Eigenkapital	- €	
11		**BETA**	
12	**Nutzungsdauer**	**EZÜ**	**Barwert CF**
13	0	- 273.450,00 €	- 273.450,00 €
14	1	23.424,00 €	22.458,29 €
15	2	77.930,00 €	71.636,78 €
16	3	72.568,00 €	63.957,61 €
17	4	74.280,00 €	62.767,48 €
18	5	75.961,00 €	61.541,65 €
19	6	77.609,00 €	60.284,58 €
20	**Kapitalwert:**		**69.196,39 €**
22	Die Annuitätenmethode versucht den Kapitalwert (dynamisch) auf die Laufzeit aufzuteilen.		
23		**BETA**	
24	**Nutzungsdauer**	**Annuität:**	**Barwert Annuität:**
25	0		
26	1	13.329,24 €	12.779,71 €
27	2	13.329,24 €	12.252,84 €
28	3	13.329,24 €	11.747,69 €
29	4	13.329,24 €	11.263,36 €
30	5	13.329,24 €	10.799,00 €
31	6	13.329,24 €	10.353,79 €
32		Summe:	**69.196,39 €**
34		**Alternativ RMZ:**	**13.329,24 €**
35			=RMZ(B7;6;-C20)

Anlage 9: Bestimmung der Versuchszinsen für die Sollzinssatzmethode
Quelle: Eigene Darstellung

Berechnung des Sollzinssatzes

Basisdaten:

Anschaffungsauszahlung	273.450 €
Nutzungsdauer	6 Jahre
Liquidationserlös	- €
Sollzinssatz:	7,50%
Aufzinsungsfaktor (r):	1,0750
Habenzinssatz:	2,30%
Aufzinsungsfaktor (r):	1,0230

Kontenausgleichsverbot — Trennung von Haben- und Sollkonto

noch bevorstehende Nutzungsdauer	EZÜ Sollkonto	EZÜ Habenkonto	Vermögensendwert
6	- 273.450 €		- 422.016 €
5		23.424 €	26.245 €
4		77.930 €	85.351 €
3		72.568 €	77.691 €
2		74.280 €	77.736 €
1		75.961 €	77.708 €
0		77.609 €	77.609 €
		Summe:	323 €

Versuchszins 1 (%), der zu einem positiven Wert führt

Basisdaten:

Anschaffungsauszahlung	273.450 €
Nutzungsdauer	6 Jahre
Liquidationserlös	- €
Sollzinssatz:	7,60%
Aufzinsungsfaktor (r):	1,0760
Habenzinssatz:	2,30%
Aufzinsungsfaktor (r):	1,0230

Kontenausgleichsverbot — Trennung von Haben- und Sollkonto

noch bevorstehende Nutzungsdauer	EZÜ Sollkonto	EZÜ Habenkonto	Vermögensendwert
6	- 273.450 €		- 424.377 €
5		23.424 €	26.245 €
4		77.930 €	85.351 €
3		72.568 €	77.691 €
2		74.280 €	77.736 €
1		75.961 €	77.708 €
0		77.609 €	77.609 €
		Summe:	- 2.036 €

Versuchszins 2 (%), der zu einem negativen Wert führt

Anlage 10: Vollständiger Finanzplan inkl. Steuer der „BETA"
Quelle: Anlehnung an (Grob 2006: 124)

Zeitpunkt t	t=0	t=1	t=2	t=3	t=4	t=5	t=6
Zahlungsfolge der Investition	- 273.450 €	23.424 €	77.930 €	72.568 €	74.280 €	75.961 €	77.609 €
Eigenkapital							
Anfangsbestand	- €	- €	- €	- €	- €	- €	- €
-Entnahme	- €	- €	- €	- €	- €	- €	- €
+Einlage	- €	- €	- €	- €	- €	- €	- €
Kredit der VB	Zinssatz=	0,043					
+Aufnahme	273.450 €	- €	- €	- €	- €	- €	- €
-Tilgung	- €	- 28.620 €	- 56.489 €	- 55.022 €	- 57.061 €	- 59.128 €	- 17.129 €
-Sollzinsen	- €	- 11.758 €	- 10.528 €	- 8.099 €	- 5.733 €	- 3.279 €	- 737 €
Standard-Anlage	Zinssatz=	0,023					
-Anlage	- €	0 €	- €	- €	- €	- €	44.094 €
+Auflösung							
+Habenszinsen		- €	- €	- €	- €	- €	- €
Steuerzahlungen *2)							
-Auszahlung		- €	- 10.914 €	- 9.447 €	- 11.486 €	- 13.553 €	- 15.649 €
+Erstattung		16.955 €	- €	- €	- €	- €	- €
Finanzierungssaldo							
Bestandsgrößen							
Kredit der VB	273.450 €	244.830 €	188.341 €	133.319 €	76.258 €	17.129 €	- €
Guthabenstand	- €	0 €	0 €	0 €	0 €	0 €	44.094 €
Bestandssaldo	- 273.450 €	- 244.830 €	- 188.341 €	- 133.319 €	- 76.258 €	- 17.129 €	44.094 €

Nebenrechnung zur Berechnung der Abschreibungen (Lineare Methode)					Laufzeit	6	Linear
Zeitpunkt t	t=0	t=1	t=2	t=3	t=4	t=5	t=6
Buchwert zum Beginn des Jahres		273.450 €	227.875 €	182.300 €	136.725 €	91.150 €	45.575 €
- Abschreibung (20 %)		45.575 €	45.575 €	45.575 €	45.575 €	45.575 €	45.575 €
Buchwert zum Ende des Jahres		227.875 €	182.300 €	136.725 €	91.150 €	45.575 €	- €
Objekt wird linear über 6 **Jahre** abgeschrieben.							

*2) Nebenrechnung zur Berechnung der Ertragssteuern			Der Ertragssteuersatz beträgt **50 %**				
Ertragssteuersatz =	50,00%						

Zeitpunkt t	t=0	t=1	t=2	t=3	t=4	t=5	t=6
Ertragssteuermultiplikator		50%	50%	50%	50%	50%	50%
Ertragsüberschuss		23.424 €	77.930 €	72.568 €	74.280 €	75.961 €	77.609 €
-Abschreibung		45.575 €	- 45.575 €	- 45.575 €	- 45.575 €	- 45.575 €	- 45.575 €
-Zinsaufwand		11.758 €	10.528 €	8.099 €	5.733 €	3.279 €	- 737 €
+Zinsertrag		- €	- €	- €	- €	- €	- €
Steuerbemessungsgrundlage		33.909 €	21.827 €	18.894 €	22.972 €	27.107 €	31.297 €
Auszahlung		- €	10.914 €	9.447 €	11.486 €	13.553 €	15.649 €
Erstattung		16.955 €	- €	- €	- €	- €	- €

Anlage 11: Abschließende Nutzwertanalyse der dynamischen Investitionsrechnungsmethoden
Quelle: Anlehnung an (Olfert 2012: 330ff.)

Nutzwertanalyse der dynamischen Investitionsrechnungsmethoden, nach deren Betrachtung Anhand 9 Bewertungskriterien

	Faktor für Einzelkriterium 1/3/5/7/10	Kapitalwertmethode Bewertung	Kapitalwertmethode Bewertung x Faktor = Gesamtbewertung	Annuitätenmethode Bewertung	Annuitätenmethode Bewertung x Faktor = Gesamtbewertung	Methode des internen Zinsfuß Bewertung	Methode des internen Zinsfuß Bewertung x Faktor = Gesamtbewertung	Dynamische Amortisationsrechnung Bewertung	Dynamische Amortisationsrechnung Bewertung x Faktor = Gesamtbewertung	Vermögensendwertmethode Bewertung	Vermögensendwertmethode Bewertung x Faktor = Gesamtbewertung	Sollzinssatzmethode Bewertung	Sollzinssatzmethode Bewertung x Faktor = Gesamtbewertung	Methode des vollständigen Finanzplanes (VOFI) Bewertung	Methode des vollständigen Finanzplanes (VOFI) Bewertung x Faktor = Gesamtbewertung
Skalierung 5: sehr hoch / -positiv / -gut; 4: hoch / positiv / gut; 3: mittel / befriedigend; 2: niedrig / negativ / ausreichend; 1: sehr niedrig / -negativ / mangelhaft															
K.1 Geringer Rechenaufwand (ohne Excel)	3	5	15	4	12	1	3	2	6	3	9	1	3	4	12
K.2 Gute Umsetzungsmöglichkeit in Excel	7	5	35	5	35	5	35	4	28	5	35	5	35	5	35
K.3 Leichte Anwendung	5	5	25	3	15	5	25	5	25	4	20	5	25	3	15
K.4 Geringer Aufwand bei der Datenermittlung	7	4	28	3	21	5	35	3	21	4	28	5	35	3	21
K.5 Möglichst wenig Daten zur Berechnung	3	4	12	3	9	5	15	3	9	3	9	5	15	3	9
K.6 Hohe Sicherheit der ermittelten Daten	10	3	30	3	30	4	40	3	30	3	30	4	40	3	30
K.7 Geringe zusätzliche Belastung der personellen Ressourcen	10	4	40	4	40	5	50	4	40	4	40	5	50	4	40
K.8 Hohe Praxisnähe, trotz Modellannahmen	7	3	21	3	21	3	21	3	21	4	28	3	21	5	35
K.9 Präzise Aussagekraft der Zielgröße	10	4	40	3	30	1	10	3	30	4	40	1	10	4	40
Nutzwert-Gesamtergebnis:			**246**		**201**		**231**		**204**		**230**		**231**		**225**
Rang Nutzwert			**1**		**7**		**2**		**6**		**4**		**2**		**5**